a　an　the

改訂版
英語の冠詞がわかる本

正保富三
Tomizo Shobo

KENKYUSHA

まえがき

　日本人が英語を書く場合、なかなかうまく使えず苦労するのが前置詞と冠詞である。「前置詞3年冠詞8年」ということばがそれを物語っている。しかし、英語を8年どころか、何十年勉強しても、冠詞の用法を体得するのは至難である。

　冠詞の用法の基本は高校で習う英文法に書いてあることでほぼカバーされている。高校段階の英文法が身についていれば、誤りの大部分はなくなるはずである。しかし、冠詞の用法には初歩の文法教科書の記述では説明しきれない部分がある。そのような初歩の文法書と実際の多様な用法との橋渡しを試みたのが本書である。

　ルールにしたがえば、たいていの場合、「ここは定冠詞が必要」「ここは冠詞が不要」などと簡単に割り切ることができる。しかし、冠詞の用法には例外が多い。本書はその例外を説明したものと考えてもらってもよい。

　「定冠詞をつける場合も不定冠詞をつける場合も両方ある」ということもある。そのような複数の言い方について、意味のニュアンスがどのように違うかを考えねばならない。

　ただたんに「どちらも正しい」「両方の言い方がある」では言語に対する鋭い感覚は育たない。形が違えば意味は必ず違うはずである。

　また、筆者は「どういう用法があるか」という事実の羅列よりも、「なぜそう言うのか」という、表現の背後の心理に関心がある。

　このような気持から年来冠詞について考えていたことをまとめてみたのが本書である。しかし、筆者の独断・思い違いも多々あるのではないかと恐れている。お読みになって、お気づきの点はご教示をいただければ幸いである。執筆にあたって、内外のすぐれた研究書から学ぶところが多かったが、十分その記述を咀嚼しえていないところもあるに違いない。

本書の草稿を大阪学院大学の笹井常三氏、金蘭短期大学の好田實氏、大阪大学外国人教師のイアン・スターク氏に読んでいただき、多くの有益なコメントを頂戴したことにお礼申し上げたい。また、英語以外の言語について大阪大学外国語学部の同僚諸氏からいただいたご教示にも感謝する。それにもかかわらず残った不備な点はもちろん筆者の責任である。

1996 年 8 月

正保　富三

改訂にあたって

　我々日本人が冠詞の用法が分からずに苦労するのは、ちょうど日本語を学ぶ外国人が「は」と「が」の区別に苦労するのと似ている。「犬は私の方に走ってきた」と「犬が私の方に走ってきた」はどう違うのか、日本人は聞かれても答えられない。それと同じことが英語の冠詞の用法にもある。This is a book I bought yesterday. と This is the book I bought yesterday. はどう違うのか、ネイティブ・スピーカーに聞いても簡単には答えられない。

　本書はそのような冠詞の用法の違いを、できるだけ分かりやすく説明したつもりである。

　旧版『英語の冠詞がわかる本』は比較的好評だったが、やや雑然とした構成になっていた。また、それ以来 20 年近い年月が過ぎ、その間に英語のコーパスが非常な進展をとげた。その成果は *Oxford Advanced Learner's Dictionary* をはじめとする辞書に反映されているし、BNC や COCA などのコーパスをオンラインで利用できるようになった。それを採り入れて以前の記述を修正し、より系統だったものにしたのが本書である。また、今も進化を続けている世界最大の辞書 *Oxford English Dictionary* の現在を少しだけ採り入れた。

　今回の改訂版においても、笹井常三氏にご協力をいただき、多くのご助言を頂戴したことに厚くお礼を申し上げる。また、細部にわたり綿密な校正・提案をいただいた研究社編集部の松本千晶氏にも感謝を申し上げたい。

2016 年 1 月

著　者

目　次

まえがき iii

第 1 章　不定冠詞の用法 ——————————————— 1

1. 名詞のとらえかたと不定冠詞 1
   可算名詞と不可算名詞の区別　1 / 修飾語がついたら数えられる　2 / 物質名詞の普通名詞化　3 / 抽象名詞の普通名詞化　3

2. 普通名詞が数えられない場合 4
   野菜・果物　4 / 動物と食肉　6 / 料理・飲み物　11 / 材料と製品など　13 / その他の普通名詞の不可算名詞化　16

3. 抽象名詞が数えられる場合 18

4. その他の例外的な用法 29
   可算・不可算ペアの名詞　29 / 冠詞をとらない名詞　29 / 修飾語がつくと不定冠詞がつく場合　31 / 変身の表現　32 / There is ～ の構文と冠詞　32 / 複数形に不定冠詞がつく場合（その 1）　33 / 複数形に不定冠詞がつく場合（その 2）　34 / kind of と sort of　35 / part of と a part of　36 / a ten-minute walk の形　37 / a certain と some　37

5. 外来語などの扱い 38
   架空の名前　39

6. 命名表現と冠詞 40
   無冠詞の名詞が使われるとき　40 / 不定冠詞つきの名詞が使われるとき　41 / 定冠詞つきの名詞が使われるとき　41

[vii]

第2章　定冠詞の用法 ——————————— 43

1. 修飾語のついた名詞と定冠詞 43
限定する修飾語と限定しない修飾語　43

2. 個々の用法 47
1日の時間　47 / 食事の名前　47 / 季節名　48 / 交通機関　49 / ラジオ・テレビ　50 / 郵便　51 / email　51 / 電話　51 / fax　52 / 新聞　52 / 学校や教会　52 / 楽器　55 / 病院　56 / 病気　57 / 身体の部分　62

3. 補語の無冠詞用法 63
「身分・役職名」とはどういう種類の語か?　64

4. その他の個々の表現 67
原因と結果の表現　67 / 動名詞と定冠詞　68 / 物語の書き出しに現れる定冠詞　68 / 説明を要しない存在　69 / 歴史上の出来事　70 / 「真実」と「うそ」の違い　70 / 説明を要しない語・weather の場合　71 / 「the ＋複数名詞」による慣用表現　72 / 最上級と定冠詞　79 / 序数と定冠詞　80 / the only と an only　82 / all と定冠詞　83 / セットになった語句　85 / the so-called ～　89 / the fact that ～ の構文　91 / 「唯一物」と固有名詞の間　93

第3章　固有名詞と冠詞 ——————————— 97

1. 総論：固有名詞の原則と例外 97
地名と定冠詞　98 / 普通名詞から固有名詞へ ── 定冠詞は消えてゆく　100 / 固有名詞から普通名詞へ ── 名前に冠詞がつく場合　101 / 複数形の名前　103 / the Bay of Tokyo の形　104 / 外国の事物の名前　105 / 原語の名前と英語での呼び方　106 / the Hudson River の型と the River Thames の型　107 / 大文字の The と小文字の the　108

2. 各論：各種固有名詞の用法 109
　　地名　109 / 建築物など　119 / 組織の名前　122 / その他　123

第4章　総称表現のいろいろ ───────── 127
1. A dog is ... の型（不定冠詞による総称表現）................. 127
2. The dog is ... の型（定冠詞による総称表現）................. 129
　　定冠詞による総称表現がよく使われる分野　130
3. Dogs are ... の型（無冠詞・複数形の総称表現）............ 131
4. The terriers are ... の型（定冠詞＋複数名詞による総称表現）.. 132
5. the Japanese are ...（国民性の表現）.......................... 133
　　無冠詞の複数名詞との違い（the Japanese と Japanese）　135
6. 総称表現の誤用 138
7. 無冠詞の man 139

第5章　冠詞の歴史とその周辺 ───────── 141
1. 世界の言語における冠詞 141
　　定冠詞：全体の中の個体の区別　141 / 不定冠詞：量的な把握と数的な把握の区別　143 / 冠詞と名詞の性　143 / 不定冠詞の複数形　144 / 名詞の意味のとらえかたの相違　144 / 冠詞のない言語での諸関係の表わし方　146
2. 英語の冠詞の起源 146
　　定冠詞の起源　146 / 不定冠詞の起源　147
3. 冠詞の諸問題 147
　　冠詞の省略と反復　147 / スペース節約のための冠詞省略　148 / 冠詞のぶつかり　150 / 引用符と冠詞の順序　151
4. 冠詞と同形の単語 153
　　one の意味の a（数詞の a）　153 / twice a day などの

a（前置詞の a） 154 / a few, a great many の a（副詞の a） 154 / the sooner, the better などの the（副詞の the） 155

5. 冠詞の用法の将来 155

不定冠詞逓減の原則 155 / 定冠詞逓減の原則 156 / これからの冠詞の動向 156

参考文献 159
索引 163

〈コラム〉

数えられない名詞はない 2
「おじいさんは山へ柴刈りに…」 77
next と last の素性 82
地図では冠詞は分からない 98
誤解されやすい Great Britain 111
"I'm Japanese." と "I'm a Japanese." 134
"We Japanese" が好きな「われわれ日本人」 137
冠詞と憲法第九条 142

第1章　不定冠詞の用法

1. 名詞のとらえかたと不定冠詞

「どのような場合に不定冠詞を使うか」という問題は、その名詞が可算名詞か不可算名詞かという区別の問題にほかならない。この章では、コンテクストに応じてそれがどう変化するかを考えてみる。

可算名詞と不可算名詞の区別

一般に可算名詞と考えられているものも、それが材料そのものを表わすときには不可算名詞となり、一般に不可算名詞と考えられるものも、それがその材料の一部分を指すときには可算名詞となる。また抽象名詞はそれが特定の事物を表わすときは可算名詞となる。

たとえば、*A great oak* stood upon the river-bank. では地面に立っている樫の木で、The hall was furnished with costly cabinets of *oak*. では高価な材料としての oak を言っている。

The plane was flying in *cloud* most of the way. (*OALD*[9]) ではまわりが見えない雲の中を飛んでいたという意味で、

The sun went behind *a cloud*. (*OALD*[9]) では空に浮かんだ一片の雲という意味である。

多くの場合、辞書に [C] (Countable: 可算名詞) または [U] (Uncountable: 不可算名詞) の印があり、その両方の用法がある場合には [C, U] としたり [U, C] としたりして、どちらの用法が多いかを示している。

場合によっては両方の用法があり、そのどちらも重要である場合には a/an を括弧に入れて示すものもある。たとえば次の例である。

[1]

There is (*a*) close *affinity* between Italian and Spanish.

a がつかない場合は一般的にイタリア語とスペイン語の間に親近性があるという意味で、a がある場合はある特殊な親近性があると感じられる。しかしその区別は微妙で、使うときの気分によるようなところがある。

> ### 数えられない名詞はない
>
> Countable Noun というのは、本当は理屈にあわない用語である。なぜならば、名詞に数えられる名詞と数えられない名詞があるわけではない。たとえば、water という名詞が数えられない、というのはおかしい。water という名詞があるページに5つ出てきた、というふうに数えることができる。数えられないのは water が表わす「水」という物質である。それで、countable / uncountable という用語を避けて、thing-word / mass-word と呼んだ学者もあり、そのほかいろいろな呼び方が提案された。理論的な文法で比較的よく使われるのは count noun / mass noun という用語である。しかし、本書では一般の学習文法書の書き方にならって「可算名詞 [C]」「不可算名詞 [U]」という用語を使うことにする。

修飾語がついたら数えられる

一般的に、修飾語がついたときには可算名詞になる。それだけ意味が限定されるからである。

Each rural county in England has *a* special *charm* and character.

しかし、その特殊な性質を強調しない場合は修飾語がついても、不定冠詞をつけなくてよい。

He was a man of great *charm* and distinction. (*COBUILD*[8])

(彼は非常な魅力と気品を備えた人だった)

大部分の名詞は数えられないときと数えられるときに分かれる。

物質名詞の普通名詞化

次のものは物質名詞だが、完結した個体として認識されれば普通名詞として不定冠詞がつく。ガラスとコップ、鉄とアイロンはよく知られている。

glass

The sculpture was made of *glass*.
She poured some milk into *a glass*.

iron

The huge, *iron* gate was locked.
My mother uses *an iron* to press my cotton shirts.

抽象名詞の普通名詞化

抽象名詞は姿・形がはっきりしないため、無冠詞であるが、それが限定されれば不定冠詞をとる。

fact

Fact is stranger than fiction. (事実は小説よりも奇なり)
It is *a fact* that the world's population is exploding. (世界の人口が爆発しているのは事実だ)

law

The resolution must be passed by the Upper House before it becomes *law*. (定まった法律となる)
A law is a rule or set of rules for good behavior which is considered right and important by the majority of people

for moral, religious, or emotional reasons. (*COBUILD*[8])

以下にいろいろの場合を考える。

2. 普通名詞が数えられない場合
野菜・果物

apple, banana, cabbage, carrot, cauliflower, cucumber, lemon, lettuce, onion, melon, mushroom, peach, pineapple, potato, pumpkin, turnip, etc.

これらは1個2個というときには可算名詞で数えられるが、材料として見られるときは不可算名詞になる。

apple
I think I'll peel this *apple* — the skin is a bit tough. (*CIDE*)
Has the fruit salad got any *apple* in it? (*CIDE*)(食材としてのりんご)

banana
She assures me it is normal and advises that I eat *a banana* before class. (COCA)
Decorate the dessert with sliced *banana*. (*CIDE*)

cabbage
He bought *a cabbage*. (*CULD*)
Do you like *cabbage*? (*OALD*[9])

carrot
When buying *a carrot*, I look for *a carrot* that's nice and thin. (COCA)

Did you put any *carrot* in this soup? (*CIDE*)

cauliflower

We have no trouble in telling an apple from a pear, or *a cauliflower* from a cabbage. (*BNC*)

Would you like some *cauliflower*? (*CULD*)

cucumber

A cucumber is a long thin vegetable with a hard green skin and wet transparent flesh. (*COBUILD*[8])（具体的な数えられるキュウリ）

Add noodles and *cucumber* to shrimp. (*LDOCE*[6])（食材としてのキュウリ）

lemon

A lemon is a bright yellow fruit with very sour juice. (*COBUILD*[8])

Would you like a slice of *lemon* in your tea? (*CIDE*)

lettuce

There was nothing in the fridge except *a* rather limp *lettuce*. (*LDOCE*[6])

Serve on a plate decorated with *lettuce* and tomatoes. (*BNC*)

melon

But when she got closer he saw it was only *a melon*. (*LDOCE*[6])

We started the meal with *melon*. (*CULD*)

pineapple

A ripe *pineapple* is vibrantly colored and gold or bright

yellow near the base. (COCA)（1個のパイナップル）
I had a gammon steak with *pineapple*, and Nancy had scampi and chips. (COCA)

potato

A potato stored at room temperature lasts one week. (COCA)
Would you like some *potato*? (*CULD*)

onion

I always cry when I'm chopping *onions*. (*CIDE*)
Scatter mushrooms and *onion* over bacon. (COCA)

pumpkin

To celebrate Halloween, people remove the inside of *a pumpkin* and make the shell into a light by putting a candle inside. (*CIDE*)（ハローウィンを祝うとき、かぼちゃの中をくりぬいてその中に蝋燭を立て、かぼちゃを灯りにする）
Have some *pumpkin*. (*CULD*)

turnip

It was *a* very large *turnip*. (COCA)
Meanwhile, peel *turnip*, and cut into 1-inch cubes. (COCA)（材料としてのかぶ）

動物と食肉

動物とその肉についても同様である。

crab

We walked along the beach collecting small *crabs*. (*CALD*[4])
All the shops on the seafront had *crab* for sale. (*CALD*[4])

eel

Freshwater *eels* and marine *eels* are commonly used in Japanese cuisine. (Wikipedia)

The Japanese particularly like to eat *eel* on traditional *eel* days, which fall on July 30.

生き物として見るときは eels で、食材として見るときは eel になる。

egg

ふつうは an ostrich egg のように可算名詞だが、

You've got some *egg* on your shirt. (*OALD*[9])

と言うと卵のしみがシャツについているという意味で、egg は不可算名詞になる。

(*have*) *egg on your face* if someone, especially someone in authority, has egg on their face, they have been made to look stupid by something embarrassing: The Pentagon's been left with *egg* on its face. (*LDOCE*[6])

特に権威のある人がきまり悪いことになるという意味がある。

scrambled eggs は卵をかき混ぜて作った料理で、その料理そのものを表わすときは無冠詞である。

We had scrambled *eggs* for breakfast.

しかしその料理を1つ2つと数えることもできる。

I'll take two *scrambled eggs,* bacon, home fries, wheat toast, and tomato juice. (COCA)

chicken

We ate *chicken* last night.

は料理にチキンが出たという意味で、

We ate *a chicken* last night.

と言うと一羽のチキンを丸ごと食べたという意味になる。

turkey

Traditionally, many North Americans have *a roast turkey* for Thanksgiving dinner. (丸ごと焼いた七面鳥)
We had *roast turkey* for dinner.

lamb

a young lamb は一頭の小羊という意味で、a leg of lamb というと小羊の肉の脚の部分という意味である。

salmon

He caught two large *salmon* in the river. (CIDE)
[注] salmon は単数・複数同形で、ここでは複数。
We had smoked *salmon* for lunch. (CULD)

trout

During one tour, *a trout* came flying out of the tank. (COCA)
Shall we have *trout* for dinner? (*OALD*[9])

squid

It was *a squid* of colossal dimensions. (COCA)
They're related to *squid* and octopus. (COCA)

octopus

In the ocean, you can find *an octopus* with poisonous spit. (COCA)

Fish-eaters are spoiled for choice with cuttlefish, *octopus,* swordfish, pagell or lampuki. (BNC)

lobster

lobster はふつう冠詞をつけないで使うが（例：I had *lobster* yesterday.）、a lobster という次の文がある。

Janet and Mike were really generous; they treated us to an elaborate dinner. I had *a boiled lobster* ... I'd never had my food look at me before I was going to eat it ... it was quite intimidating. However, food is food, and eventually I figured out how to eat the little guy. (久野暲・高見健一著(2004)『謎解きの英文法　冠詞と名詞』くろしお出版)

食事に出された lobster が自分を睨んでいるように見えたので、a lobster と言ったわけだろう。この場合は boiled だったから死んでいるのだが、日本の地方によっては「活き作り」というものがある。それだったらもっと臨場感があるだろう。

scorpion

サソリというとふつうは食べられないものだが、国によっては食べるところがある。そこでは無冠詞である。

I munched on deep-fried *scorpion* in a market. (北京での体験談)

cf. *A scorpion* carries its venom in the tip of its tail.

dog

犬を食用にする国があるが、そこでは dog は無冠詞になる。

We balk at the thought of eating horsemeat or *dog*. (馬肉や犬を食べると考えただけでぞっとする)

frog

Harry Potter の世界で、

> Hedwig's large, round, amber eyes gazed at him reproachfully over the dead frog clamped in her beak ... Hedwig gave a muffled hooting noise, her beak still full of frog.
> (J. K. Rowling, *Harry Potter and the Order of the Phoenix.*)

Harry の守護フクロウの Hedwig が蛙をくわえている描写が最初の the dead frog で、後の frog は食料として認識されている。

個々の個体を表わす形と食材を表わす形が違うもの

[同じ名詞が使われる場合]

「個体」	「食肉・魚肉」
a chicken	chicken
a lamb	lamb
a salmon	salmon
a trout	trout

[別の名詞が使われる場合]

「個体」	「食肉」
a calf	veal
a cow	beef
a deer	venison
a pig	pork
a sheep	mutton

第1章　不定冠詞の用法　　11

料理・飲み物
beer

He asked for a pint of *beer*. (*CALD*[4])
After a hard day's work I enjoy *a beer* or two. (*CALD*[4])

どのような容器と結びつくかはその液体の種類による。コーヒーや紅茶の場合は cup であり、ウィスキーの場合は glass である。ビールの場合は glass であったり缶 (can, tin) であったり瓶 (bottle) であったりする。

上記の用法は喫茶店や飲食店で注文するときに数量を言う必要から生じたものであり、家庭内ではむしろ Would you like some tea? / Would you like a cup of tea? などと言う。

coffee

If I drink too much *coffee*, I can't sleep. (*CALD*[4])
I'd like *a* black *coffee*, please. (*CALD*[4])

chocolate

Do you want some *chocolate*? (*COBUILD*[8]) (チョコレートの菓子)
I'll have *a hot chocolate* please. (*COBUILD*[8]) (飲み物としてのチョコレート)

ice cream

アイスクリームはそれ自身は形のない物質であるから、不可算名詞であるが (例: For dessert there was *vanilla ice cream*.)、容器 (an ice-cream cone) に入ったもの1つを an ice cream と言う。イギリス英語では an ice とも言う。

cheese

Garnish with the greens, *cheese* and olive oil. (COCA)

切り分けて売ったり食べたりする前のチーズの塊は a big cheese のように言う。

 We ate *a* nice *Dutch cheese*.

curry
 Would you like some more *curry*? (*OALD*^{9})
 It seemed to be some sort of *a curry* made of flaccid vegetables embedded in chunks of gray rice. (COCA)

drink
 Too much *drink* is bad for your health. (*COBUILD*^{8})(あまり飲み過ぎると身体によくないよ)
 Let's go for *a drink*. (*LDOCE*^{6})(飲みに行こう)

salad
 All main courses come with *salad* or vegetables. (*OALD*^{9})(形も量も決まっていない、料理名としてのサラダ)
 If you didn't want meat, the only choice was *a* cheese *salad*. (*CIDE*)(1枚の皿に入った、形や量が決まっているチーズのサラダ)

pie
 Does anyone want some more *pie*? (*CULD*)
 She would take him some cookies or *a pie,* or both, and write a thank-you note. (COCA)

pizza
 Do you want another slice of *pizza*? (*CIDE*)
 We went for *a pizza* together at lunch-time. (*COBUILD*^{8})

wine

Add the cinnamon, honey, *wine*, lemon zest and juice. (COCA)

Burgundy produces great red *wines*.

飲み物や食べ物の種類・銘柄を言う場合は、同じ wine でも種類が細分化されるのであるから、可算名詞になる。

材料と製品など

ash, stone, rock, oak, pine, string, thread, bone など、材料を表わすときは無冠詞で、その製品を指すときは不定冠詞がつく。

ash

Ash is often used for making tool handles. (*CIDE*)

The cuckoo was perched amongst the upper branches of *a tall ash*. (*CIDE*)

cedar

She grabbed up her shoes and ran twenty yards to hide behind *a cedar*. (COCA)

Their line chest was made from sweet-smelling *cedar*. (*CIDE*)

pine

A pine tree or *a pine* is a tall tree which has very thin, sharp leaves and a fresh smell. (*COBUILD*[8])

a *pine* table (*OALD*[9])

rock

Jack stood on *a rock* for a better view. (*LDOCE*[6])

They had to drill through several metres of *rock* to find oil.

(*CIDE*)(何メートルもの岩盤を掘り進まねばならなかった)

cord

(a) She plucked rushes and wove them into *a* soft *cord*.
(b) By and by the hemp grew up and was made into *cord*.

(a)ではイグサをとってそれを編んで柔らかい紐を作ったという意味で、(b)ではやがて麻が大きくなってそれを編んで紐が作られたという意味である。両者の違いは、(a)では1本のある長さの紐を言っているのに対して、(b)では長さの定まらない、製品の種類としての紐を意味しているという点にある。

thread

She was actually excellent with *a thread* and needle. (1本の糸)

映画『サウンド・オブ・ミュージック』で歌われた「ドレミの歌」は、英語版では Doe ─ a deer, a female deer, で始まり、「ソ」のところは Sew ─ a needle pulling *thread*, と続くが、この thread も材料としての糸なので無冠詞である。

carpet

a roll of *carpet* (*OALD*⁹) ではカーペットという材料を指し、*a* bedroom *carpet* (*OALD*⁹) では1枚のカーペットという意味である。

cloth

She mopped her face with *a* wet *cloth*. (*LDOCE*⁶) (ある特定の目的のために使う)

Choose some *cloth* that you like and I'll make you up a skirt on the machine. (*CIDE*)

dress

She was wearing *a* black *dress*. (*COBUILD*[8])

Do we have to wear formal *dress* for this dinner we're going to on Saturday? (*CIDE*)(特に特定の場に着て行く服装を言う)

coal

In her rage she threw *a burning hot coal* at him. (*CIDE*)
How much *coal* was mined here? (*CALD*[4])

stone

(a) He removed *a stone* from his shoe. (*COBUILD*[8])
(b) They cut enormous blocks of *stone* out of the hillside. (*CALD*[4])

(a) の a stone は道に落ちていた石が片方の靴に挟まったときの言葉で、(b) の stone は石材としての石である。

bone

A small *bone* in the meat stuck in his throat.
The boughs of the cottonwood, hard as *bone*, rattled against her gable. (まるで骨のように固いポプラの枝が破風に当たって音をたてた)

metal

Mercury is *a* liquid *metal*.
Mercury mixes readily with many powdered *metals*. (水銀は多くの金属の粉末と容易にまざる)

〈単位をつけて数える名詞〉

a *piece* of bread / toast / paper / cloth

a *loaf* of white bread
a *slice* of bread / cake / meat
a *cup* of coffee / tea
a *cut* of lamb / meat
a *joint* of meat / beef
a *lump* of cheese / sugar / coal
a *grain* of wheat / rice / corn / sand / truth
a *block* of ice / concrete / stone
a *bar* of chocolate / soap / iron
a *stick* of chalk / dynamite / furniture
a *sheet* of paper / flame / water
a *ball* of wool / fire / flame
a *strip* of cloth / land / paper

その他の普通名詞の不可算名詞化

room

Is there enough *room* for me in the car? ($OALD^9$)（余地）
I'd like to book *a room* with a view of the lake. ($OALD^9$)（部屋）

beach

Stroll along Marginal Way for a grand view of *beach* and rock-strewn sea. (COCA)
The beautiful gardens lead directly on to *a beach* gently lapped by clear turquoise waters. (BNC)

helicopter

The injured were ferried to hospital by *helicopter*. ($CALD^4$)
Simmons later acquired *a helicopter* to help with the oil-spill cleanup.

本来の目的すなわち負傷者の輸送や移動の場合に無冠詞となる。その目的以外のときは冠詞がつく。

garden

The house had an acre of *garden* with a real lawn and real flower-beds.

garden はふつう a beautiful garden のように可算名詞として使うが、上のように庭の区域を量的にとらえる場合は不可算名詞になる。

LDOCE[6] には特に gardens［plural］として次の説明がある。gardens＝a large area of land where plants and flowers are grown so that the public can go and see them: the Botanic Gardens at Kew.

pencil

The clerk, after weighing the letter, scribbles the amount of stamps required in the corner of the envelope, in *pencil* that could easily be rubbed out.（局員は手紙の重さを量ると、簡単に消せる鉛筆の字で必要な切手の額を封筒のすみに書きつける）

鉛筆はふつう数えられる文房具であるが、ここでは書いたあとを消すことのできる筆記材料として使われている。

forest

The rounded hills of Wiltshire were once covered with *forest*.

Time was when these untamed uplands constituted part of *a* royal hunting *forest*.（この未開拓の高地が王室の猟場の一部分だった時代もあった）

forest はひろく森林地帯という意味では不可算名詞、ある1つの森という意味では可算名詞である。

newspaper
　She put on her glasses and peered again at the folded rectangle of *newspaper*.

newspaper はふつう可算名詞であるが、ここでは新聞のうちの一部分を量的にとらえている。

3. 抽象名詞が数えられる場合
これは数が多く、枚挙にいとまがないが、特に注意を要するものを書く。

change
　There was no *change* in the patient's condition overnight. (*OALD*[9])
　What is needed is *a change* of attitude on the part of architects. (*COBUILD*[8])

interest
interest という語は抽象的な「興味」という意味と、具体的なある種の興味という意味の間を揺れ動く。

OALD[9] では feel/have/show/express (an) interest という提示の仕方をしている。

　The newspaper story is bound to attract *interest*. (*CULD*)
　Ben has shown *an interest* in learning French. (*LDOCE*[6])

reason

She has *reason* to feel guilty.
He said no but he didn't give *a reason*. (*OALD*⁹)

上の例文の場合は「罪悪感を感じる根拠」という意味で、下の場合は「拒絶した理由」という意味である。

agreement

The two sides failed to reach *agreement*. (*OALD*⁹)
They had *an agreement* never to talk about work at home. (*OALD*⁹)

ability

She has *a* remarkable *ability* to summarize an argument in a few words. (*CIDE*)

は優れた能力という意味で、

His failure was not due to lack of *ability*. (*CIDE*)

は彼の能力が劣っていたわけではないという意味である。

experience

He hasn't had much *experience*.
The earthquake was *a* terrible *experience*. (*CULD*)

difficulty

She's not had much *difficulty*.
He is suitable otherwise but his age presents *a difficulty*. (*CULD*)（1つの難点を指す）

drama

She studied English and *drama* at college. (*CALD*⁴)

He has just produced *a* new *drama*. (*CULD*)

無冠詞の drama は学問としての演劇を指す。

comedy / tragedy

We went to see *a comedy* last night. (*CULD*)
As a rule, I don't enjoy *comedy*. (*CULD*)

ジャンルとしての喜劇は無冠詞で、1 つの作品としては不定冠詞がつく。tragedy（悲劇）も同様である。

opera

Verdi made *an opera* out of a play by Victor Hugo.
Opera started in Italy.

song

song は「歌」という意味では可算名詞であるが、歌うことを一般的に指す意味では不可算名詞として使われる。

She suddenly began singing *a song*.
The bravery of past warriors was celebrated in *song*. (*LDOCE*[6])
In those days the house was always full of laughter and *song*. (*CIDE*)

ecstasy

She threw her head back as if in *ecstasy*. (*CALD*[4])

ここでは ecstasy が一般的な状態ととらえられている。

The opera ends when in *an ecstasy* of jealousy the main character kills his lover and then himself. (*CIDE*)（オペラは嫉妬のあまり主人公が彼の愛人を殺し、それから自分も自殺す

ここでは ecstasy が嫉妬の情景を表わしている。

sensitivity
(a) She played the oboe with *sensitivity*.
(b) She played the oboe with *a sensitivity* that delighted the critics.

(a) のように修飾語のつかない、広く「感受性」という意味の sensitivity に冠詞をつけることはできない。しかし、(b) では彼女がその演奏で示した感受性が批評家を喜ばせるだけの注目すべきものであったという意味なので、ある具体的な感受性の記述となっている。

charming sensitivity の場合は両方の表現が可能である。

She played the oboe with *charming sensitivity*.
She played the oboe with *a charming sensitivity*.

「魅力に富んだ感受性」という概念を一般的なものととらえれば無冠詞になる。いっぽう、たんなる一般的な「魅力に富んだ感受性」でなく、その演奏で彼女が示した独特の「魅力に富んだ感受性」を強調したい場合には、不定冠詞をつけることになる。

enthusiasm
(a) The audience applauded with *enthusiasm*.
(b) The audience applauded with *an enthusiasm* that was unexpected.
(c) The audience applauded with *the enthusiasm* that was expected.

(a) で enthusiasm に冠詞がつかないのは、広く「熱狂」という抽象的な意味だからである。(b) ではそのような熱狂的反応が予期

されていなかったので、「その場に生まれたある熱狂」という意味で不定冠詞がついている。(c) では、その演奏家の名声から熱狂的な拍手が予想されたということが話者の意識にあって、それを指し示すため、定冠詞がついている。

value

He had provided the United States with information of enormous *value*.

Ronnie put *a* high *value* on his appearance. (*COBUILD*[8])

importance

The building is of historical *importance*.

Military realities have *an importance* of the first order. (COCA)

success

I tried to contact him, but without *success*. (*LDOCE*[6])

She wasn't much of *a success* as a lawyer. (*LDOCE*[6])

failure

The success or *failure* of the plan depends on you. (*OALD*[9])

He was *a failure* as a teacher. (*OALD*[9])

marriage

My parents are celebrating 30 years of *marriage*. (*OALD*[9])

She has two children by *a* previous *marriage*. (*OALD*[9])

divorce

The marriage ended in *divorce* in 1996. (*OALD*[9])

They have agreed to get *a divorce*. (*OALD*[9])

上の例文は概念、下の例文は事例を指す。

kindness

I can't thank you enough for your *kindness*. (*LDOCE*[6])
It would be doing him *a kindness* to tell him the truth. (*LDOCE*[6])

親切という概念と「親切な行い」。

effort

(a) A great deal of *effort* has gone into this exhibition.
(b) He changed his diet and made *an effort* to strike a better balance in his life. (COCA)

(a) では effort はこの展示会を開催するにあたって各方面が傾注した努力というものを量的に指している。(b) では、バランスをよくしようとする具体的な努力を指す。

knowledge

(a) He has *a* good *knowledge* of chemistry.
(b) He has *a knowledge* of Sanskrit.

上記 (b) のように、knowledge に形容詞をつけなくても不定冠詞をつけることがある。それは、「サンスクリットの素養」というものが、ある具体的な知識として考えられるからだと思われる。

しかし、形容詞がついても冠詞がつかない場合もある。

He is a man of considerable *knowledge*.

これは、knowledge が漠然とした広い意味で使われているからであろう。

command

knowledge と似た意味領域の言葉で、ある言語を使いこなす能力という意味の command は冠詞と一緒に使われる。

He has *a* good *command* of German.

これは、彼のドイツ語の運用能力はどの程度であるかを示す修飾語を伴っているため、command の意味が限定されているからであろう。

progress

progress は形容詞がついても冠詞はつかない。

My understanding of Spanish made good *progress*.
She is the smartest scholar in school and is making rapid *progress*.

「進歩」というのはいつまでも続く概念なので、具体的にとらえにくいためと思われる。

improvement

これに対して improvement は具体的な概念のようである。

Sales figures continue to show signs of *improvement*. (*OALD*[9])
This is *a* great *improvement* on your previous work. (*OALD*[9])

一つの進歩という意味のときは a がつくようだ。

pleasure

pleasure も原則として冠詞をつけない。

They lived in *pleasure* and magnificence.
A pet is an animal kept for *pleasure* or companionship.

しかし具体的な喜びを指すときは不定冠詞がつく。

> The cottage was so neat that it was *a pleasure* to look inside it.

「〜するのを楽しむ」は take pleasure in 〜ing である。

> He takes great *pleasure* in annoying me. (CULD)

上の文では great があっても冠詞がつかないが、次の文では冠詞がついている。

> It's *a* great *pleasure* to hear you. (COCA)

これはやはり具体的な喜びの気持ちについて言っているからである。

「〜してうれしい」という改まった言い方は have the pleasure of 〜ing である。この場合には of 〜ing で限定されて、どういう喜びであるかを言うので、定冠詞がつく。

> I had *the pleasure* of seeing Lady Catherine yesterday.

honour

pleasure と同じタイプの使い分けがある。「名誉」という抽象名詞としては無冠詞が原則である。

> What really drives him is *honour* ― the need to protect the name he cherishes.

しかし、具体的な名誉の種類を言うときは不定冠詞をつける。

> It was *a* great *honour* to be invited here today. (*OALD*[9])

pleasure の場合と似た言い方で、「〜して光栄だ」という丁寧な形の have the honour of 〜ing という言い方がある。

I had *the honour* of meeting your parents there.

respite

The drug brought a brief *respite* from the pain. (その薬は少しの間苦痛からの安らぎをもたらした)

She continued to work without *respite*. (彼女は休みなく働き続けた)

silence

(a) There was *silence* in the room while everyone read the newspapers. (*CULD*)

(b) There was *a* long *silence* after she had finished speaking. (*CIDE*)

(a) では一般的に音の聞こえない状態という意味で silence という語を使っている。(b) の silence は、そのとき訪れた、ある長さの気まずい沈黙という意味である。

After a while the noise seemed gradually to die away, till all was dead silence, and Alice lifted up her head in some alarm. (L. Carroll, *Through the Looking-Glass, and What Alice Found There*)

'Ninety times nine!' Alice repeated in despair. 'Oh, that'll never be done! I'd better go in at once —' and in she went, and there was a dead silence the moment she appeared. (*ibid.*)

上の例の *dead silence* は沈黙を意味し、期間には関知しないが、下の例の *a dead silence* は一定期間の沈黙を意味する。

silence は複数形になることもある。

(a) Often there were long *silences*, when you could hear

nothing but the crackling of the soft coal in the stove and the muffled cough of one of the sick girls. (長い間だまっているときがよくあった。そのときはストーブのやわらかい石炭がはじける音と、病気の少女のくぐもった咳の音しか聞こえなかった)

(b) So the talk ran on. But presently it began to flag a trifle, and grow disjointed. The *silences* widened. (そこで話はずっと続いた。しかし、次第に勢いが弱くなり、話が途切れがちになった。途切れた合間が長くなっていった)

ここでは話が途切れた間の沈黙の時間というものが一つひとつ分けられたものとして意識されている。

auction

The house was sold at *auction*. (*LDOCE*⁶) (「競売で」という一般的な言い方)

They're holding *an auction* of jewellery on Thursday. (*CALD*⁴) (ある競売会)

society

Racism exists at all levels of *society*. (*OALD*⁹)

He is trying to create *a society* separate from ordinary society in which he can become king of the castle.

「社会」を意味する society は抽象名詞であるが、'a democratic society' のように形容詞がつくと不定冠詞がつく。それは、「社会」の種類を細分化して、たとえば全体主義社会に対する民主主義社会というように表現するので、ほかの種類の社会とは区別された、輪郭を持った存在として認識されるのである。

war

Where were you living when *war* broke out? (*OALD*⁹)
The most important thing is to reach an agreement and to avoid *a* trade *war*. (*COBUILD*⁸)

上の例文の war は概念としての「戦争」であり、下の a war は今起こりうる具体的な戦争である。小説の題名の *War and Peace*（『戦争と平和』）における War も概念としての戦争である。

freedom

1941 年に、アメリカのルーズベルト大統領は議会の演説の中で「4 つの自由」の重要性を訴えた。彼は言った。

"In the future days, which we seek to make secure, we look forward to a world founded upon *four* essential human *freedoms*. The first is freedom of speech and expression — everywhere in the world. The second is freedom of every person to worship God in his own way — everywhere in the world. The third is freedom from want ... The fourth is freedom from fear ..."

freedom は「自由」という意味の抽象名詞で、ふつうは無冠詞で使うが、この例のように「言論の自由」「信教の自由」というふうに 4 つの種類の自由を話題にするとき、それは細分化された、数えられる自由の種類となる。

ambulance

Mike had to be taken by *ambulance* to hospital. (*LDOCE*⁶)
A person injured by a fire in a club in Bucharest is loaded into *an ambulance* at the city's emergency hospital.

「救急車のサービス」という意味のときは無冠詞で、「救急車」と

いう車を指すときは冠詞がつく。

4. その他の例外的な用法
可算・不可算ペアの名詞
　次のいくつかの語の場合には、同様の意味の可算名詞と不可算名詞がそれぞれ存在する。

「可算名詞」	「不可算名詞」
novel　小説	fiction　創作
poem　詩	poetry　詩歌
machine　機械	machinery　機械類
weapon　兵器	weaponry　兵器類
jewel　宝石	jewellery（アメリカでは jewelry）宝石類
clothes　着物	clothing　衣類
gadget　機械装置	gadgetry　機械装置類

　たとえば、個々の小説を指すのが novel で、文学のジャンルとしての「創作」を指すのが fiction である。1編の詩は a poem で、poetry は「詩歌」という総称的な表現である。

冠詞をとらない名詞
　英語以外の言語の場合は冠詞をつける語でも、英語では冠詞をつけないものがあるので、注意せねばならない。たとえばドイツ語では「忠告」は Rat だが、「忠告をする」という場合は einen Rat geben と言う。フランス語では「忠告」は conseil,「忠告する」は donner un conseil である。money はドイツ語では das Geld と言い、luggage（アメリカでは baggage）はドイツ語では das Gepäck と言う。日本人が間違えやすいのは advice, luggage (baggage),

furniture, mail, equipment, underwear, slang, damage などである。

advice

They give *advice* to people with HIV and AIDS. (*OALD*[9])

一言の忠告という意味では a piece/word of advice と言う。

damage

Her eyesight suffered irreparable *damage*. (*LDOCE*[6])
The closure of the factory will cause severe *damage* to the local economy. (*LDOCE*[6])

［注］法律用語では damages は「損害賠償金」の意味になる。

equipment

a shop selling camping *equipment*
a useful piece of *equipment* for the kitchen (*OALD*[9])

たんに設備というときは equipment を無冠詞で使い、具体的な備品は a piece of equipment と言う。

furniture

We need to buy some new *furniture*.
What he saw was *a piece of furniture*.

luggage

They searched his *luggage* for illegal drugs. (*LDOCE*[6])
Two pieces of *luggage* have gone missing. (*OALD*[9])

アメリカでは baggage。ただし飛行機の機内に持ち込むかばんなどはイギリスでも baggage と言うことがある。

mail, email

I got *a mail* from my friend this morning. (誤り)
I got *an email* from my friend this morning.

underwear

She put her *underwears* in her suitcase. (誤り)
She packed one change of *underwear*. (*OALD*[9])

slang

Grass is *slang* for marijuana. (*LDOCE*[6])
'Chicken' is *slang* for someone who isn't very brave. (*CALD*[4])
'Chicken' is *a slang word*.

evidence

The room bore *evidence* of a struggle. (*OALD*[9])
There is not a shred of *evidence* that the meeting actually took place. (*OALD*[9])

information

The book contains a lot of useful *information*.
The book contains a lot of useful *informations*. (誤り)
I need some *information* about hotels.
I need some *informations* about hotels. (誤り)
He told me an interesting piece of *information*.

修飾語がつくと不定冠詞がつく場合

太陽や月は定冠詞をつけて the sun, the moon と言うのがふつうであるが、特別の姿をした太陽などは不定冠詞をつける。たとえば、a pale moon などという書き方を見かける。それは、月のそのときの姿を一般的な moon から区別して言う働きをしている。

色の名称は通常無冠詞で red, blue などと言うが、その色の細かな色合いを述べる場合は不定冠詞をつけて a yellowish green などと言う。これは green の色調の幅の中で yellow に近い色をほかの色合いから区別するのに役立っている。

> She nearly always dresses in *blue*.
> Her face had turned *a dirty blue*.
> The lady is dressed in *gray*.
> It was hot and tinged *a luminous green*.

変身の表現

次のような言い方がある。

> Sykes had turned *informer* and told the police where to find his fellow gang members. (*CIDE*)（情報提供者に変身した）
> The King's trusted minister turned *traitor* and poisoned him.（謀反した）
> He's a clergyman turned *politician*.（彼は牧師から政治家に転身した人です）

これらの例では turn の後にくる名詞は、その表わす人を対象として述べるのではなく、「どういう種類の人に転じたのか」を問題にしているので、名詞の意味は抽象化してしまい、冠詞がつかない。次の諸例でも同様である。

> Why did he turn *catholic/linguist*?
> He was ordained *priest* in 1978.
> He has gone *socialist*.
> They took him *prisoner*.

There is 〜 の構文と冠詞

「○○に〜がある」という意味を表わす、There is/are 〜 の構文

は次のような形が典型的である。

>　There is *a book* on the table.

このように、「～がある」という、存在するものを表わす名詞には不定冠詞がつく。動詞が be 動詞以外の場合も同様である。

> (a) Once there lived *a mother* who had twelve sons, but was so poor and needy that she no longer knew how she was to keep them alive.
> (b) Suddenly there stood beside him *a small boy* who was as beautiful and kind as an angel.

この構文の構造として、(a)(b) のような用法で使われるのが自然であるが、後に続くものが新しい情報でない場合は定冠詞がつくこともある。次の例では there is の後に続く butcher, shearer は、その指すものが聞き手にも了解されたものとして定冠詞がついている。

>　If you want my flesh, there is *the butcher*, who will kill me in an instant; but if you want my fleece and wool, there is *the shearer*, who will shear and not hurt me.

これはイソップ物語で、不器用な刈り方をするために羊を傷つけてしまう飼い主に対して羊が抗議して言う言葉である。屠殺業者や毛を刈る職人という専門家がちゃんと存在するということを強調している。

複数形に不定冠詞がつく場合 (その1)

means

>　Believe it or not, goats sometimes sneeze as *a means* of communication. (COCA) (こんなことを言っても信じないかもしれないが、山羊は伝達の手段としてくしゃみをすることがある)

crossroads

at a crossroads（重要な岐路に立っている）: I feel I'm at *a crossroads* in my life, and I don't know whether to go back to Africa or not. (*CIDE*)

headquarters

It was time, they agreed, to find *a* new *headquarters*. (COCA)（彼らは新しい本部を見つけるべき時だと意見が一致した）

barracks

He replaced the homes of some 15,000 Parisians with three public buildings ― a hospital, *a barracks* and a courthouse.（彼は約15,000人のパリ市民の家を3つの公共の建物に置き換えた。それは病院と兵舎と裁判所だった）

複数形に不定冠詞がつく場合（その2）

数や量を表現するとき、数字だけ用いる以外に as many as 〜, as much as 〜, as few as 〜, as little as 〜, just 〜 などを用いて強調することがある。

(a) The wrestler weighs 210 kilograms.
(b) The wrestler weighs *as much as* 210 kilograms.

(a) は客観的な事実を述べただけ。(b) は「210キロも」と述べることで書き手の驚きや価値判断を濃厚に示している。

(c) The wrestler weighs *a hefty* 210 kilograms.

(c) の a hefty 〜 は as much as 〜 よりもさらに書き手の気持ちを強調している。210 kilograms を単一の名詞と考え、それを修飾するために a(n)＋形容詞をつける、と考えてよかろう。以下に数例あげる。

Usain Bolt ran the 100-meter dash in *a stunning 9.69 seconds*.

The temperature inside a parked car can hit *a sizzling 50 degrees* Celsius in a few minutes.

The Cabinet minister was forced to resign after *a scant three weeks* in office.

強調の意味がない場合でも使われることがある。

An estimated 800 students took to the streets to protest the proposed tuition hike.

The government dispatched *an additional 200 troops* to quell the riot.

kind of と sort of

「～な種類の…」という意味の kind of, sort of, type of は、可算名詞・不可算名詞のいずれにもつけることができる。

a new *kind of* clover
a dry *kind of* wine
a certain *type of* porcelain

などの使い方がふつうである。その際、可算名詞であっても、名詞の直前に冠詞は不要である。

He thought a cave a very superior *kind of* house.
He was not the *sort of* man to sense danger quickly.
He did not like that particular *type of* joke.

これは、'kind of' や 'sort of' が冠詞と名詞の間に介在して、なかば形容詞のように意識されるところからくるものと思われる。these kind of things という言い方があり、そこで kind が複数形になっていないのは、these が kind よりもむしろ things にかかっているという意識にもとづくのであろう。

いっぽう、口語的表現では冠詞をつけることもある。

> What *sort of* a dance is it?
> I am not that *kind of* a girl.
> It was just the *kind of* a man he was hunting for.

Quirk et al.: *A Comprehensive Grammar of the English Language* では次のように分類している。

> (a) This must be a *sort of* joke.
> (b) This must be *sort of* a joke. 〈informal〉
> (c) This must be a *sort of* a joke. 〈more informal〉
> (d) This must be a joke, *sort of*. 〈most informal〉

(a) がもっとも標準的な形であり、以下 (b) (c) (d) と次第にくだけた感じの表現になることが分かる。

part of と a part of

「〜の一部分」を表わす言い方として 'part of' と 'a part of' があり、どちらも同じように使われる。しかし、われわれが英語を書く個々の場合にどちらを使えばいいのか、迷うことになる。

part of と a part of はもともと意味が分かれていたはずで、

> (a) My inn had once been *a part of* an ecclesiastical house.
> （私の宿はむかし教会の建物の一部だった）
> (b) The kitchen was *part of* the living room.

(a) においては、どの部屋とどの部屋が教会に転用されたかがはっきりしているはずである。いっぽう、(b) ではどこまでがリビングルームでどこからがキッチンか言うことはできない。

次のような例もある。

> a piece of marble which was obviously *a part of* a statue

(*The Universal Dictionary of the English Language*)

これは、もしミロのビーナスの片腕でも発見されたら言うであろうような言葉である。大理石の像の「右腕の部分」「頭の部分」というように分けて考えることができる破片であれば可算名詞で表現できる。

このように区別されていたのだと思うが、最近の BNC, COCA のデータでは a part of の割合は part of の 10 分の 1 である。両者は同じ意味で使われているようだ。

a ten-minute walk の形

これはもともと

The office is *ten minutes' walk* from here. (*OALD*[9])

と言うのがふつうであった。それが進んで a ten-minute walk (*OALD*[9]) となり、

It's *a ten-minute* bus ride from here to town. (*OALD*[9])
It was only *a three-mile* walk to Kabul from there. (*COBUILD*[8])

となった。

発音するときにはハイフンは関係がないから、ハイフンの存在が忘れられつつあるのではないかと思われる。

a certain と some

次の 3 つの文を考えてみよう。

(a) He bought the book at *a* bookshop in London.
(b) He bought the book at *a certain* bookshop in London.
(c) He bought the book at *some* bookshop in London.

(a) と (b) はどちらも、自分はその本屋を知っているが、相手が

知らないと思う場合に言う文である。(b) は「その本屋を自分は知っているが、今は言わない」という含みがある。これに対して (c) は、その本屋を自分も知らない場合に言う文である。「どこかの本屋」という言い方があてはまる。なお、(c) の some は発音するときは冠詞と同様弱く読む (/səm/)。

5. 外来語などの扱い

不定冠詞がつくと、それが英語の単語だということを表わす。以下の語は英語の単語として認められているようだ。

manga (/mǽŋɡə, [米] mɑ́ŋɡə/)

I have almost 1000 volumes of *manga* in my personal collection.
I had never read *a manga*.
Manga are enormously popular in Japan and are read by businessmen, university students and middle-aged women as well as children. (*OED* 1988)

anime (/ǽnəmèɪ/)

The setting is *an anime* standard: a dreary, postindustrial Tokyo-type city. (*OED* 2001)

emoji (/imóʊdʒi/)

If you've downloaded an app for *emojis*, those little happy faces and icons, you can add it to your list of keyboards in this panel. (*OED* 2011)

emoticon (または smiley) はかなり前から英語にある単語だが、これは :-) のように顔を横にして見なければならない。日本の emoji はそういうことがない。

skosh (/skóʊʃ/)

(*U.S. slang* (orig. *Forces' slang*)).

Along with everyday greetings, Bamboo English employs *sukoshi* 'few, some' and its antonym *takusan* 'plenty', ...

bamboo English: (*depreciative*) a term applied to any of various English-based pidgins originating in Southeast Asia. (*OED* 1955)

muggle (/mʌɡ(ə)l/)

Muggle というのは Harry Potter の小説で魔法の力を持たないふつうの人という意味だが、そこから特に何らかの能力を持たないふつうの人を指す。

She's *a muggle*. No IT background, understanding or aptitude at all. (*OED* 1999)

架空の名前

英語にない架空の名前であっても、それに不定冠詞をつけることによってあたかも英語の単語として存在するかのようになる。

What is it really, *a gigi*, *a dobo*, or *a busa*? What is its *right name*? You are quarreling violently when along comes a fourth person from another village who calls it *a muglock*, an edible animal, as opposed to *uglock*, an inedible animal — which doesn't help matters a bit.

これは S.I. Hayakawa の *Language in Thought and Action* に出てくる文で、gigi, dobo, busa はすべて架空の動物の名前である。しかし、その架空の世界において gigi, dobo, busa という動物が存在するという前提があるため、一人前の名詞として扱われて不定冠詞がついている。

6. 命名表現と冠詞
無冠詞の名詞が使われるとき

> Frailty, thy name is woman!

これは『ハムレット』の中の「弱きものよ、汝の名は女なり」という有名なせりふであるが、ここでは普通名詞の woman が無冠詞で用いられている。これは、'woman' はここでは「女」という生きた人間を指すのではなく、たんにそういう英語の単語の形を指しているからである。

このような、単語の形そのものを問題にする文は「…を〜と呼ぶ／名付ける」という表現によく現れる。

> In Japan a person who can't swim is called *kanazuchi*, which means a hammer.

読者がはじめて目にする外来語の場合はその語の語形そのものが話題であるから、上のように無冠詞で使われることが多い。次の例でも単語の語形だけが問題になっている。

> (a) The French word *chien* means 'dog.'
> (b) The French word *chien* is synonymous with *dog*.

(a) では chien というフランス語の単語とその意味としての 'dog' が話題になっている。(b) では chien という単語と dog という単語の同意語としての関係が問題になっている。いずれも、chien や dog が指すもの、すなわち犬という動物を問題にしているわけではないので、冠詞は不要である。

ルイス・キャロルの『不思議の国のアリス』に、Mock Turtle とアリスの次のような会話が出てくる。

> 'When we were little,' the Mock Turtle went on at last, more calmly, though still sobbing a little now and then, 'we went to school in the sea. The master was an old Turtle —

we used to call him Tortoise —'
'Why did you call him Tortoise, if he wasn't one?' Alice asked.
'We called him Tortoise because he taught us,' said the Mock Turtle angrily: 'really you are very dull!'

　Mock Turtle が習った先生のことを Tortoise と呼んでいたというので、アリスは Turtle（ウミガメ）の先生をどうして Tortoise（淡水のカメ）と呼んだのですかとたずねる。答えは、'because he taught us' というしゃれになっているのであるが、ここでは Mock Turtle が call him Tortoise と言って、call him a Tortoise と言っていない点に注目したい。つまり、この文では Tortoise という語形だけが問題になっているから、普通名詞ではなく、固有名詞として使われていると考えてよいのである。

不定冠詞つきの名詞が使われるとき

　これに対して、「〜と呼ぶ」という構文でも冠詞をつける場合もある。次はシェイクスピアの『ロミオとジュリエット』の有名なせりふである。

"What's in a name? That which we call *a rose*
By any other word would smell as sweet;
（「名前がどうだっていうの？　バラと呼んでいるあの花はほかのどんな名前がついていても同じようにいい香りがするはずなのに」）

　ここでは we call *a rose* という形をとっている。ここでは「rose と呼んでいる花」と言って、その 'rose' という名前だけでなく、その言葉が指す花にも言及している。

定冠詞つきの名詞が使われるとき

　命名の表現において、ある言い方がすでに存在するという前提で

言う場合には定冠詞が使われる。

 Varanasi was called *the Athens of India*.

これは the Athens of India「インドのアテネ」という、言い習わされた使い方があったということを紹介する文である。

上記のことを理解すると、「…を〜と呼ぶ」と言うとき、冠詞をつけるかつけないか、定冠詞をつけるか不定冠詞をつけるかの判断ができるはずである。

「私達はその男を Big Brother と呼んだ」は、Big Brother という語形を言っているから、We called the man *Big Brother*. となる。

「新聞を売っている店は newsagent と呼ばれる」は A shop which sells newspapers is called *a newsagent*. である（アメリカでは newsdealer）。

「楽譜のはじめに書いてある記号は clef と言います」は The sign you see at the beginning of a line of music is called *the clef*. である。

不定冠詞と定冠詞の使い分けは、一般の冠詞の使い分けと同じである。この構文のポイントは、名前の語形だけが問題になっているときは冠詞をつけない、という点である。

第 2 章　定冠詞の用法

1. 修飾語のついた名詞と定冠詞

すでに以前の文に現れた語や、前後関係から何を指すか分かる語には定冠詞をつける。

> There was an old man in the room. *The man* was smoking a pipe.
> Could you pass me *the salt*?

さらに、次のように名詞の後ろにそれを限定する語句がついたときは、その名詞に定冠詞をつける。

> Peter is *the captain* of our soccer team.

しかし、このような of-phrase や関係節が後ろに来ても定冠詞をつけない場合もある。

> Henry is *a member* of our soccer team.

定冠詞がついたりつかなかったりするのは、後ろにある修飾語が名詞の指すものを限定するときと、しないときがあるからである。「サッカーチームの主将」はひとりに限定されるから、定冠詞がつく。チームのメンバーは何人もいるから、限定されないのである。

これで定冠詞の用法がすべて説明できればいいのであるが、問題はそれほど簡単ではない。

限定する修飾語と限定しない修飾語

(a) *Idomeneo* is an opera Mozart wrote in 1781.
(b) Mt. Kurodake is a mountain in Daisetsuzan National Park that is 1,984 meters above sea level.

(a) において、モーツァルトが 1781 年に書いたオペラは *Idomeneo* ひとつだけであるから、「限定」されているように見える。しかし、この文は *Idomeneo* がどんなオペラであるかを説明する文であって、「どのオペラか」を特定する文ではない。また、(b) において、大雪山国立公園の中にあって海抜 1984 メートルの山といえば黒岳のほかにはないから、限定されているように見える。しかし、これも黒岳という山を説明する文なので、「はじめて現れるものには不定冠詞をつける」という原則にしたがって不定冠詞がつくのである。

前のサッカーチームの話に戻すと、

Peter is *the captain* of our soccer team.
Henry is *a member* of our soccer team.

captain は 1 人に限られるから the がつき、member は複数いるから a がつくという考え方だった。その考え方でいくと

(a) This is *the book* that I bought yesterday.
(b) This is *a book* that I bought yesterday.

私が昨日買った本が 1 冊だけであれば定冠詞をつけ、もし何冊かの本を買ったのであれば不定冠詞をつけるということになる。しかし、昨日買った本が 1 冊だけであっても (b) のように言う場合がありうるのである。

Keene & Matsunami: *Problems in English* は次の例をあげて説明している。昨日本を買ったという話をしていて、それはどの本かと聞かれたら、

(a) This is *the book* I bought yesterday.

と答える。いっぽう、日本は湿度が高いので本にかびが生えやすいという話をしているとき、次のように言うことができる。

(b) "Look, this is a book I bought two years ago, and this

is *a book* I bought yesterday. Notice the difference."

(a) では I bought yesterday は「問題の本がどの本か」を特定する働きをしている。(b) では I bought yesterday はその本の説明をしているだけである。昨日買った本はそれ1冊であっても、ここでは関係詞節は「限定」の働きをしていないから、不定冠詞がつくのである。

次の文を見てみよう。

> She might be a daughter of the Great Don but she was his wife, she was his property now and he could treat her as he pleased. It made him feel powerful that one of the Corleones was his doormat.

上の文は Mario Puzo の *The Godfather* の一節である。a daughter という書き方だけを見ると、娘が何人かいて、そのうちの1人という意味にもとれる。しかし、この小説に出てくる the Great Don すなわち Godfather の娘は彼女 (Connie) ひとりだけである。それなのに、the daughter of the Great Don とはなっていない。それは、「どの娘か」ということを特定する文ではなく、彼女はどんな存在であるかを述べる文だからである。

ここでは、この文の主語である he (Carlo Rizzi) の心理を次のように描写しているのである。Connie は the Don の娘かもしれないが、おれの妻なんだ、だからおれは彼女を好きなように扱うことができる。Corleone 一家の一員である女がおれにだまって従うというのは、おれさまも偉いもんだ、という気持ちがここに現れている。

つまり、the Don の娘という、普通ならばおろそかにできない、こわい存在の女という意味を a daughter of the Great Don という書き方で表わしている。これは「限定」ではなく、「描写」である。

次も Keene & Matsunami: *Problems in English* からの例である。

(a) You should drink *medicine* <u>which is good for you</u>.
(b) You should drink *the medicine* <u>which is good for you</u>.

Keene 氏の解説によれば、(a) の下線部は「薬はあなたのためになるのだから」という意味で、特定の薬を指していない。(b) の下線部は「あなたに合った」薬だけを飲みなさいという意味で medicine を限定している。ここでも限定 (b) と描写 (a) の違いが理解できる。

次の例も同様の考え方で理解できるであろう。

(a) I know *a man* <u>who can speak Swedish</u>.
(b) I know *the man* <u>who can speak Swedish</u>.

(a) と (b) とはどちらも「スウェーデン語ができる人を知っている」という意味で、man の後に who can speak Swedish という修飾語がついているが、その働きが違う。

(a) は、世間に何人もいる、スウェーデン語を話せる人のうちの1人という意味で、この表現によって a man を限定してはいない。(b) は、スウェーデン語を話せるある人物のことが話題になったとき、私はその人と知り合いだということを述べる文で、the man は限定された特定の人である。

複数名詞や抽象名詞・物質名詞の場合は、限定されなければ無冠詞となる。

People *who live in glass houses* should not throw stones.

これは、「すねに傷持つ人は他人の批評をしないほうがいい、人を呪わば穴二つ」という諺であるが、ここでいう people は特定された人々ではないので、定冠詞はつかない。

2. 個々の用法
1日の時間

1日のうちの時間の言い方は冠詞をつけるものとつけないものが決まっているので、それぞれを覚えるほかはない。

朝	at dawn	in the morning
昼・午後	at noon	in the afternoon
夕方	at dusk	in the evening
夜	at night	at midnight

「日中」と「夜」を対照して言うときは次の言い方がある。

during the day / in the daytime / in the night

LDOCE[6] は次のように説明をしている。

> You use **in the night** when saying that something happens at some time during a particular night: The baby kept crying in the night.

> You use **at night** when saying that something often happens during the night: The noise of the traffic keeps me awake at night.

> You use **by night** when saying that a person or animal does something at night instead of during the day: Owls hunt by night. / They travelled by night to avoid being seen by the police.

食事の名前

breakfast, lunch, supper, dinner, tea などは原則は無冠詞である。

> *Breakfast* is served between 7 and 9 am.

Sue and I have had *lunch*.
What's for *supper?*
I haven't had *dinner* yet.
Tea is always served at 5 o'clock.

イギリスでは (tea に添えて食べる) 軽食のことを tea と呼ぶ。昼に dinner を食べた場合、夕食が tea または supper になる。夕食に dinner を食べるときは昼食を lunch と呼ぶ。この意味での tea も同様に無冠詞である。

特定の食事を指すときは不定冠詞がつく。

We had *a* relaxed *breakfast*.
I am going out to *a* business *lunch*.
I'll just throw together *a* quick *supper*.
We were invited to *a dinner* at the Browns.
Lily had eaten *a* hearty *tea*.

すでに場面に現れた、ある特定の食事を指すときは定冠詞がつく。

The dinner was superb.

季節名

春夏秋冬の季節の名前は、定冠詞をつけるときと無冠詞のときがある。定冠詞をつけるときは、in the spring of 1830 のように特定の年の季節を意味することが多い。

He translated it and had it published *in the spring* of 1830. (COCA)

しかし次のように特定の年でなくても使うことがある。

It's located on a little-used asphalt road that cuts through bottomland that's prone to flooding *in the spring*. (COCA)
In spring, summer and fall, she likes to iron outside on her

back deck. (COCA)

このように、in spring と in the spring の形がどちらも使われるので迷うが、我々は特定の年でない場合は in spring の形を使う方が安全だ。

また、アメリカ英語では秋を the fall と言うことが多い。その際たいてい定冠詞がつく。

Leaves turn red *in the fall*.

交通機関

「～で行く」という、交通手段を表わす言い方は by bus, by train のように「by + 無冠詞の名詞」を使うのが決まった型である。例: by bicycle, by car, by plane など (徒歩の場合は on foot)。by ～ という決まった形でない場合はふつう冠詞をとる。

(a) Let's go by taxi.
(b) Let's take a taxi.
(b) Let's call a taxi.

(a) は「バスにするかタクシーにするか」を考えているとき、「タクシーにしよう」と言うときの文で、抽象的な選択のレベルの言い方である。(b) (c) は「タクシーに乗ろう」という言い方で、具体的な1台のタクシーを思い浮かべた表現である。「バスで行こう」と言うときには次の2通りになるであろう。

(a) Let's go by bus.
(b) Let's take the bus.

(a) は「交通手段はバスにしよう」という、抽象的な選択の表現で、(b) は「交通手段としてのバス」というものを全体として指す言い方である。結果として (a) も (b) も同じような意味で使うことができるが、(b) のほうが具体的なバスという乗り物を話題にした表現である。次の例も同様である。

> Mr. Bennett lived in Brooklyn and had to take *the subway* to get to work.

　ここで、the subway は特定の地下鉄路線を指しているのではなく、地下鉄という交通手段を総称的に指している。なお、イギリス英語では地下鉄のことを the underground または the tube という（余談であるが、イギリス英語で subway は歩行者用の地下道のことである。会社まで subway で 20 分かかると言ったら、そんなに長い地下道があるのですかと聞き返した人がいるという）。

　不定冠詞をつける場合と定冠詞をつける場合の意味の違いを考えてみよう。

> (a) I took *the train* to Liverpool.
> (b) I took *a train* to Liverpool.
> (c) I went to Liverpool *by train*.

　(a) では the train は総称的に使われているから、交通手段として「電車で行った」と言っており、(b) では何時の電車というようにある特定の電車を思い浮かべながら言っている。(c) は交通手段としての電車を言っているので、(a) に近い意味である。

ラジオ・テレビ

　「ラジオで」「テレビで」は次のように言う。

> by radio / on the radio / on television
>
> He gave a talk *on the radio*.

　この場合には radio は総称的にラジオというメディアを指しているので、特定の放送局を指しているのではない。television は通常は無冠詞で on television と言うが、on the television と言うときもある。

> Is there anything interesting *on television* tonight? (*CALD*[4])

There are a lot of quiz shows *on the television*. (*LDOCE*⁶)

television を TV と略することもある。[注] T.V. とピリオドをつけることはない。

What's *on TV* tonight?
"Turn on *the TV* right now," she said. (COCA)

郵　便

There isn't much *mail* today. (*OALD*⁹)（今日はあまり郵便物はない）
[注] イギリスでは post も使う。
I'll send the original to you by *post*. (*OALD*⁹)
[注] アメリカでは mail を使い、イギリスでも mail を使うことがある。

通信手段としての郵便を問題にするときは定冠詞がつく。

One morning there arrived through *the post* an amazing letter. (Berry: *Articles*)
The product will be sold mainly through *the mail*. (*OALD*⁹)

email

mail は不可算名詞だが、email は receive/get/open *an email* などと言う (cf. p. 31)。

Can you send me *an email* with all the details? (*LDOCE*⁶)
You can reach me by phone or via *e-mail*.

現在では email と書く場合は少なく、e-mail が多いが、将来 email に統一されるのではないか。

電　話

I talked to her *on the phone*.

I talked to her *over the phone*.
They like to do business *by phone / over the phone*. (*OALD*⁹)
They usually exchanged messages *by telephone*. (*COBUILD*⁸)

We do everything *by cell phone* and radio. (COCA)
A federation representative is on call 24 hours a day *by mobile phone*. (BNC)

「電話で」は by telephone/phone であるが、「電話をかけている」「電話に出ている」というときは on the telephone/phone と言う。

fax

フォーマルな形では facsimile と書く。「ファックスで」は by fax と言う。

Can you send it to me *by fax*? (*OALD*⁹)
Could you *fax* it to me? (*OALD*⁹)
It is now sent *by facsimile*, every Thursday. (BNC)

新　聞

マスメディアとしての新聞は総称的には the press / the newspapers / the papers で表わす。

The papers are saying how unusual it is. (Berry: *Articles*)

単数形の the paper も総称的に新聞を指すことがある。

This is what we read in *the paper*. (Berry: *Articles*)

学校や教会

go to school, go to church などの表現において school, church などの名詞には冠詞がつかない。これはその学校や教会の建物や場所ではなく、「学習の場」「礼拝の場」としての機能が意識されてい

るからである。その建物の機能を考えるときはすべて無冠詞になるわけではない。たとえば、図書館に本を借りに行くのは図書館の機能にかかわることであるが、go to library とは言わず、場合に応じて a または the をつけなければならない。go to ～ という言い方が慣用的に定着したいくつかの表現だけが無冠詞になる。次のようなものが代表的なものである。

    go to college
    go to bed
    be in (the) hospital
    be in prison
    be at school

leave school, start school, go to school など、特定の学校を指さない場合は無冠詞である。

イギリスでは小学校を卒業すると、ふつうは comprehensive school という学校に進学する。この場合も go to school に準じて無冠詞である。

    After primary school at the age of eleven or after middle school at the age of thirteen a child goes to *comprehensive school*.

LDOCE[6] によれば、at school は 2 つの意味があり、第 1 は in the school building の意味である。

    I can get some work done while the kids are *at school*.

第 2 はイギリス英語で attending a school, rather than being at college or university or having a job (college や university でない、初等学校) の意味である。

    We've got two children *at school*, and one at university.

in school にも 2 つの意味があって、第 1 の意味は at school と

同じ、第2はアメリカ英語で attending a school or university rather than having a job の意味である。

> Are your boys still *in school*? (*LDOCE*[6])

college と university の違いは、いろいろな場合があるため、一律に分類するのは難しいが、一般的に言って college のほうが中等教育終了後すぐ行くところ、またある専門と結びついた教育機関という意味でよく使われる。例：He's at law college. そのため、go to school にならって go to college と言うが、university はいろいろな学部をそろえ、学位を授与する最高学府というイメージがある。アメリカでは college, イギリスでは university を使うことが多い。

イギリス英語で She's at university. というのは She's a student. というのに近い意味である。アメリカ英語ではその意味のときは She's in college. と言う。(Berry: *Articles*)

> After leaving school, we all went to *university*. (イギリス)
> After leaving school, we all went to *college*. (アメリカ)

> Both their children are at *university*. (*OALD*[9]) (イギリス)
> He's hoping to go to *university* next year, (*OALD*[9]) (イギリス)

> We were *at university* together. (*LDOCE*[6]) (イギリス)
> We were *in college* together. (アメリカ)

アメリカではしばしば university の意味で college を使う。特に最初の学位を取るために勉強しているときはそうである。

> My son has gone away to *college*.
> 'Where did you go to *college*?' 'Ohio State University.'

アメリカ英語では university は定冠詞をつける。

She was unhappy at *the university*. (Swan: *Practical English Usage*, 2nd edition)

I had once been a medical student and was thinking of returning to *the university* to finish my medical studies.

[注] ここで returning to the university は特定の大学を指しているのではない。

特定の職業の学校は college と言う。

(a) My son went to *a* teacher training *college*.
(b) I went to business *college* when I was 28.
(c) I went to *a* veterinary *college*.

(a) では「ある教員養成大学」を話題にしている。(b) では business college という教育機関を一般的に指している。(c) は獣医の学校である。

次はイギリス英語で university に冠詞をつけない例である。

Has she studied at *university*?
Has she been to *university*?

これはいずれも「あの人は大学を出ているのですか」という、学歴に関する一般的な聞き方である。不定冠詞をつけると、ある特定の大学を意味する。

(a) I went to *a university* in France.
(b) I went to *university* in France.

(a) は「フランスのある大学で学んだ」という意味、(b) は「大学教育はフランスで受けた」という意味になる。

楽 器

ある楽器を演奏する(弾く、吹くなど)という言い方ではふつう、楽器の名前に定冠詞をつける。

She can play *the piano*.
She studied *the piano* at college.

この用法では the piano は特定のピアノを指すのではなく、ピアノという楽器を総称的に指している。

個々の楽器を意味するときは不定冠詞も定冠詞も使われる。

A man playing *a violin* approached the table.

上の例では「その男が弾いていたバイオリン」という意味である。

He showed me *an oboe* with finger holes for left-handed players. He played *the oboe* with remarkable skill.

上の an oboe は「ある1本のオーボエ」、the oboe は「そのオーボエ」という意味である。

ときには楽器名が無冠詞で使われることもある。

She studied *oboe* and *saxophone* at the Royal Academy of Music. (Swan: *Practical English Usage*, 2nd edition)

He was playing *guitar* in the coffee house.

これは総称の楽器の呼び方がいちだんと進んで抽象化した場合である。プロの奏者のある種の行為を描写するような場合に使われるもので、一般的には play the guitar の形が普通である。

ジャズやロックなどの現代の楽器では普通 the をつけない。

He plays *bass* in a band.

病　院

イギリスとアメリカで相違がある。イギリスでは無冠詞の hospital, アメリカでは the hospital を使う傾向が強い。

The courageous two-year-old has spent all his short life *in*

hospital.（BNC）
Then I had to *go to hospital* for a while.（BNC）
She had only just been *out of hospital* then.（BNC）

It's incredibly expensive for them to be *in the hospital*.（COCA）
She said she didn't want to *go to the hospital*.（COCA）
The young man walked *out of the hospital* and disappeared.（COCA）

病　気

　原則として病気の名前は抽象名詞として無冠詞である。次の例はこの一般原則にしたがっている。

AIDS（エイズ），appendicitis（虫垂炎），cancer（癌），cholera（コレラ），diabetes（糖尿病），Ebola fever（エボラ出血熱），hay fever（花粉症），pneumonia（肺炎），rheumatism（リューマチ），tonsillitis（扁桃腺炎），tuberculosis（TB）（結核），frostbite（凍傷），fits（痙攣発作），cramp(s)（痙攣），whooping cough（百日咳），rabies（恐水病），shingles（帯状疱疹）

He had bad *tonsillitis* as a child.
He died of *lung cancer*.
She has *cancer of the breast*.

しかし、ある症状を指すときは不定冠詞をつける。

Cervical Ca is *a treatable cancer*.（子宮頸癌は治療可能な癌だ）
［注］Ca は医療関係者の用語で癌のこと。

また、ある病巣を指すときは不定冠詞をつける。

He's got *a cancer* in his throat.

既述の病巣・部位を指すときは定冠詞をつける。

> Dr. Rose had warned Mrs. O'Brien that *the cancer* could have spread.

cramp については *CALD*[4] に次の記述がある。

> Several runners needed treatment for *cramp* [US: *cramps*] and exhaustion.
> I've got *cramp* [US: *a cramp*] in my foot.

〈風邪などの感染症〉

> I have *a cold*. / You'll catch *a cold*.
> I have *cold*. / You'll catch *cold*.

現在は have a cold の形が多く、無冠詞の have cold という形は廃れつつある。get cold は get a cold より事例が多い。catch cold と catch a cold はどちらも似たような数である。

> She's got *the flu*. (*LDOCE*[6])

［注］アメリカでは the flu と言う傾向がある。

> She's got *flu*. (*OALD*[9])

［注］イギリスでの言い方。influenza は、ほとんど常に無冠詞である。

> (*The*) *measles* is much less common in Britain than it used to be. (*CIDE*)
> They're vaccinated against *measles* and *mumps* and all the other things.

この 2 通りの用法があるのは (the) measles（はしか）, (the) mumps（おたふくかぜ）, (the) chickenpox（水疱瘡）などである。しかし the をつける用法は次第に減少している。

measles といえば「例の子供がかかる伝染病」といって聞く人が

認識する病気、という意味で当初定冠詞がつけられたのであろう。それが次第によく使われるにつれて一般の病名と同様無冠詞で通じるようになりつつあるのではなかろうか。

〈体調の不具合を表わす言葉〉

　　get, have, etc. *the sniffles* 〈informal〉(*OALD*⁹) ((軽い) 鼻かぜをひく)

以下の例の *diarrhoea* (アメリカでは *diarrhea*) は、下痢という体調の不具合を一般的な意味で言っている。

　　I had a bad attack of *diarrhoea*. (下痢をした)
　　Many thousands of small children in this devastated area are dying of dehydration as a result of *diarrhea*. (*CIDE*) (この荒廃した地域では小さい子どもが何千人も下痢のための脱水症状で死んでいる)

寒気・咳・熱などは一時的な症状であるから、不定冠詞がつく。

　　Let's get these wet clothes off you before you catch *a chill*. (*LDOCE*⁶)
　　He's got *a bad cough*. (*LDOCE*⁶) (ひどく咳が出る)
　　I have (have got) *a temperature*. (熱がある)
　　I have *a fever*. (同上)

症状としての vomiting (嘔吐) は常に不可算名詞である。

　　He has severe *vomiting*.

hiccups (しゃっくり) はイギリスとアメリカで違う。

　　get/have *hiccups* (イギリス)
　　get/have *the hiccups* (アメリカ)

〈痛みの言い方〉

　痛みを表わす、-ache のつく語は、イギリスでは不可算名詞であることが多いが、一般論として痛みの種類を言う場合は不可算名詞として無冠詞で、具体的に襲ってきたある痛みの症状を言う場合は可算名詞として使われる。

　1つの発作や痛みを言うときは、アメリカ英語ではふつう可算名詞で、イギリス英語では不可算名詞である (Quirk et al.: *A Comprehensive Grammar of the English Language*)。

> On and off she suffers from *a stomachache*.
> ［注］特にアメリカ英語。
> On and off she suffers from (*the*) *stomachache*.
> ［注］特にイギリス英語。
>
> I had terrible *toothache* all last night. (*LDOCE*⁶)
> I've got *a terrible toothache*.
>
> He was suffering from severe *earache*.
> One morning she developed *an earache*.
>
> Many people who work in offices get *backache* because they do not sit at their desks properly. (*CIDE*)（腰痛）
> Doing all that gardening has given me *a dreadful backache*. (*CIDE*)

　headache だけは常に可算名詞として使われる。

> I have *a splitting headache* this morning.
> I have regular *headaches* in the morning.

〈「病気」という語〉

> I missed a lot of school through *illness* last year. (*OALD*⁹)
> He died after a long *illness*. (*OALD*⁹)（具体的な病気の場合）

disease は個々の病気を指すときは可算名詞で、a blood disease / a brain disease のように言うが、病気というものを一般的に指すときは無冠詞である。

> Malaria is *a* contagious *disease*.
> He worked hard to prevent *disease* in the region.

「発作」を表わす attack は可算名詞である。発作というものはあるとき襲ってくる、1つの症状であり、また繰り返されることもあるからである。

> He died after suffering *a severe asthma attack*. (*OALD*[9]) (喘息)
> It had brought on *an attack* of asthma. (*COBUILD*[8])

〈「健康」という語〉

病気でない状態を表わす health は、広い意味で一般論として使う場合は抽象名詞として無冠詞である。

> *Health* is better than wealth.

しかし、health という語は、漠然と「健康」という意味よりは、ある人のあるときの「健康状態」を指すことが多い。*COBUILD*[8] の次の説明にその感じがよく現れている。

> A person's *health* is the condition of their body and the extent to which it is free from illness or able to resist illness.
> [注] ここで a person を複数形の their で受けているのは、his or her とするぎこちなさを避けたものであろう。

「健康によい」という言い方は good for the health という。

> Exercise is good for *the health*.

身体の部分

「身体のうちのどの部分を指すか」を意味する用法で定冠詞が使われることがある。

> He stabbed her *in the back*.
> He gave me a friendly pat *on the shoulder*.

背中や肩は身体にひとつしかない部分だから、「特定のもの」の扱いになるのは理解しやすいが、身体に 2 つある部分についてもこの用法はある。

次のように、左右どちらかを示した書き方では疑問の余地はない。

> The girl was stabbed *in the right eye* with a needle by a stranger in a supermarket.

しかし、次のような例も多い。

> (a) Stein took Breslow *by the arm*. (Berry: *Articles*)
> (b) The dog bit her *on the leg*.
> (c) He was wounded *in the knee*.

これらの場合、たとえば (a) の Breslow は腕が 1 本しかなかったとか、どちらかの腕がすでに話題になっていたという意味ではない。2 つのもののうち 1 つを指すのであるから、

> Stein took Breslow by an arm.　または
> Stein took Breslow by one of his arms.

のように言うべきではないかと考えられるかもしれないが、かえってこのように言うと「片腕」を強調しすぎておかしい。「腕をとらえた」と言うとき、どちらの腕かを問題にしているのではなく、身体の部分のうち (たとえば手首や足ではなく) 腕をとらえた、という発想で定冠詞がついている。(b) (c) はいずれもそういう考え方が背後にあると思われる。

片腕だったら次のように言う。

Britt lost *an arm* and part of a foot in Italy.

定冠詞の代わりに代名詞の所有格を使って、たとえば

He stabbed her in the back.　の代わりに
He stabbed her in her back.

という言い方もあるが、定冠詞を使う言い方のほうがよく使われるようである。

3. 補語の無冠詞用法

「官職・身分を表わす語が補語として使われたときは冠詞をつけない」という原則がある。次のようなものが代表的な例である。

He was elected *Mayor*.
Potts was appointed *chairman* of the education committee. (*LDOCE*[6])
Her husband is *president* of the new bank.

官職・身分を表わす語がこの用法で使われるのは、それらの語が表わす意味が「市長」とか「委員長」などという個々の人物のことではなくて、その役職を表わす抽象的な概念だからである。「市長」「委員長」は世の中に何人もいるが、その市の市長はひとりであり、その委員会の委員長はひとりである。ただひとつしかない役職を数えるということは意味をなさない。したがって、これらの語はそのコンテクストでは不可算名詞となる。

このような役職名の抽象化は補語の場合のほか、次のように as につづく場合や、同格の場合にも起こる。同格の名詞が無冠詞になるのは、その名詞が併置された名前の説明として、どのような地位の人かを述べる働きだからであろう。

As *president*, he advocated various social reforms.
He was dismissed as *captain of the English team.*

Choi Dong Jin, *deputy foreign minister for political affairs*.
Ann Martin, *author* of a well-known book on cooking.

「身分・役職名」とはどういう種類の語か？

このような用法で使うのはどういう種類の名詞かを考えてみよう。一般的な原則として、次の 2 つの条件に合致する名詞がこの扱いになる。

(a) その職にある人がひとりに限られるもの。
(b) 単なる職業名ではなく、世襲の身分、または誰かに任命されるか、選挙で選ばれる地位であること。必ずしも公的な役職でなくても、社会的に認められた存在であればよい。

したがって、次の区別が生じる。

They elected Mr Gimson *president* of the company.
They elected Mr Gimson *a director* of the company.

社長はひとりであるが、取締役は複数いるから、無冠詞の扱いにはならない。

次の例は公的な役職ではないが、社会的に認められた存在であり、ひとりしかいないものである。

Jane Austen, *author* of 'Pride and Prejudice', was born in Hampshire in 1775.

次は身分を表わす語の例である。

Hamlet, *Prince* of Denmark（劇のタイトル）
He remembered the day 25 years ago when he became *Prince* of Wales.
God had chosen one of Jesse's sons to be *king*.

いずれもひとつしかない地位を表わしている。いずれの場合も、その地位にいる個人を指すのではなく、地位を抽象的にとらえてい

るから、無冠詞である。

　必ずしも「ひとつしかない役職」でなくても、無冠詞で使うこともある。

>　Norman Page is *Professor* of Modern English Literature at the University of Nottingham.
>　Ralph Fasold is *Associate Professor* of Linguistics at Georgetown University.
>　John A. Hawkins is *Assistant Professor* in the Department of Linguistics, University of Southern California.
>　Jean Aitchison is *Senior Lecturer* in Linguistics at the London School of Economics.
>　R.H. Robins is *Professor Emeritus* of General Linguistics at the University of London.

　大学や講座によっては professor が 1 人というところもあるであろうが、複数いるところも多い。しかし、professor を「役職名」とみなして無冠詞で使う習慣が見られる。

　次の名詞は「役職・地位」とは意識されないし、「ひとりしかいない存在」でもないため、冠詞を必要とする。

>　Peter Brown, *a teacher* of English in Osaka, has just become a member of our society.
>　Henry Smith, *a student* at our university, comes from New Zealand.
>　William Ford, *a director* of our company, died a couple of days ago.
>　Mary Johnson, *a waitress* at a coffee shop in front of the station, is a friend of mine.

　「役職・地位」を表わす名詞でも、補語以外の場で使われるときは冠詞をつける。それは、その役職そのものを指すのではなく、その役職にある個人の意味になるからである。

They asked *the mayor* to reconsider the plan.
The chairman dismissed the committee.

補語やそれに準ずる場合でも、冠詞をつける場合がないわけではない。これを、原則通り無冠詞の場合と比較してみよう。

(a) He was elected *Mayor*.
(b) He was elected *the Mayor*.

(c) He is *president* of this company.
(d) He is *the president* of this company.

(e) As *a coach* he was a great success.
(f) As *coach* he was a great success.

(a)は彼がどういう立場になったかを述べる言い方であるのに対して、(b)は、たとえばある都市とその歴史の話をしているときに、「そのとき選挙で市長になったのは彼だった」という意味で、誰が市長になるかが問題になっているような場面で使われる。

(c)は彼が何の役職についているかを述べる文であるのに対して、(d)は「この会社の社長は彼だ」という言い方で、社長は誰かということを述べる表現である。

(e)と(f)を比較すると、(e)はコーチの職にある一個人としてという意味で、(f)はその職を果たすにあたって、という意味である。しかし、そのような意味での用法は結果としてよく似た意味になる。次のように、「〜を辞める」という言い方では、もはや職だけが問題なので、無冠詞である。

The former tennis champion has resigned as *coach* of the national team.

次のケースを考えてみよう。

(a) Dr. Arnold was *headmaster* of Rugby.
(b) Dr. Arnold was *the headmaster* of Rugby.

(c) Dr. Arnold was *a headmaster* of Rugby.

いずれも「Dr. Arnold は Rugby School の校長だった」という意味で、校長というのは役職であるから、(a) のような書き方が標準的である。しかし、上述の考え方により、その役職についた Dr. Arnold の人物が脳裏にあるときは (b) のように冠詞をつけることもありうる。その場合、校長はひとりに決まっているから、定冠詞をつけるのが常識である。では (c) のように不定冠詞をつけるのはどういう場合か？ これは Rugby School の歴代校長を考え、そのうちの1人として見た場合である。

4. その他の個々の表現
原因と結果の表現

「結果として」の英語は、as a result (of 〜) と as the result (of 〜) の2通りがある。

His illness is *a/the result* of eating contaminated food.

a result of の場合は「汚染された食物を食べた結果のうちの1つ」で、the result of は「原因が汚染された食物を食べたことに限定される」と考えられやすい。

しかし、COCA のデータで見ると as a result of のほうが as the result of よりも16倍事例が多い。今や「結果として」は as a result of に統一されつつある感じがある。

a cause of と the cause of については、この区別が存在するようである。次の (a) はいらいらする気持ちの原因の1つが空腹であったという意味で、(b) であればその火事の原因として特定の何かを問題にしている。

(a) Hunger was *a cause* of irritation in those present.
(b) It's our job to establish *the cause* of the fire. (*LDOCE*[6])

動名詞と定冠詞

動名詞は名詞と同じ機能を持っているが、ふつう、動名詞には定冠詞は必要ない。動名詞は抽象的な動作の意味を持つから、抽象名詞に似た存在である。

(a) It began *raining*.
(b) *Singing* carols is an ancient Christmas custom.

しかし、(b) では動名詞の目的語であった carols が of-phrase になって singing を限定する構文になると、定冠詞が必要になる。

The singing of carols is an ancient Christmas custom.

類例：

The building of the castle took 85 years.
The televising of proceedings in courtrooms is a powerful educational tool.

修飾語のつかない、単独の動名詞に定冠詞がつくのは次のような成句の場合だけである。

The film is still *in the making*. （製作中である）
The proof of the pudding is *in the eating*. （論より証拠）
For many countries the opportunities are there *for the taking*. （多くの国にとって機会はそれをつかめばよいだけになっている）
The job is yours *for the asking*. （君が頼みさえすればそこに就職できる）

物語の書き出しに現れる定冠詞

「まず不定冠詞のついた名詞が現れ、次にその名詞に定冠詞がつく」というルールはいつも守られるとは限らない。小説などの書き出しには、いきなり定冠詞のついた名詞が使われることが多い。次の文はオスカー・ワイルドの *The Happy Prince* の冒頭の文であ

る。

> High above the city, on a tall column, stood the statue of the Happy Prince.

ここで the city という語が説明なしに現れる。読者は「どの町か」が分からないまま読みはじめるが、そのことはストーリーの理解にさまたげにはならない。

次の文は川端康成の『雪国』の冒頭「国境の長いトンネルを抜けると雪国であった」のサイデンステッカー氏による訳である。

> The train came out of the long tunnel into the snow country.

読者は「どの列車か」「どこのトンネルか」に関する予備知識がない状態で読みはじめる。このような状況設定は、「これから話が始まるので、読み進むうちにいろんなことが分かってくる」という、物語という約束事の世界に特有の用法である。日常会話で、何の前置きもなしに、"The train came out of the long tunnel." としゃべったら、相手はぽかんとするだけであろう。

小説の題名に定冠詞がついたものは、上記の *The Happy Prince* のほかにも、たとえば *Beauty and the Beast, The Old Curiosity Shop, To the Lighthouse* など数多くあるが、これらも読者はその作品を読むことによってその実体を知ることができると期待するのである。

説明を要しない存在

the King, the Queen, the President などと言えば、その時のその国の国王・女王・大統領を指すことが誰にでも分かるので、定冠詞が使われる。現在のイギリスで the Queen と言えばエリザベス女王のことだということが共通の認識になる。次の場合は少し変わった用法であるが、同じ原理で解釈できる。

The King is dead! Long live the King!

最初の文で「国王は亡くなられた」と言い、次の文で「国王万歳！(文字通りには、国王が長生きされるように！)」と言っている。すでに亡くなった王の長命を願うのは理屈に合わないようであるが、これは昔のフランスの習慣にもとづく言い方であるらしい。国王が亡くなると、次の王が即位する。2番目の文は「新王万歳！」という意味であるという（フランス語では "Le Roi est mort! Vive le Roi!" と言ったようである）。

冠詞の用法として大切なポイントは、場面が変わった場合、その場面で the King というのはどの王のことであるかが、その場にいる人に共通に認識されるということである。

歴史上の出来事

歴史上の事件などは、誰でも知っているはずという前提があるので、定冠詞がつく。例: the French Revolution（フランス革命）, the Blitz（第二次世界大戦のときのドイツ空軍によるロンドン大空襲）, the Holocaust（ナチスによるユダヤ人大虐殺）など。civil war は「内戦」という意味の普通名詞であるが、the Civil War というと誰もが思い浮かべるのはアメリカの南北戦争である（その場の話題によっては、イギリスの清教徒革命やスペインの内戦の意味にもなる）。

「真実」と「うそ」の違い

真実を話すのは tell the truth と言って、うそをつくのは tell a lie と言う。少し考えれば、この違いの由来は明白である。真実はひとつしかないから定冠詞がつき、うそは幾通りも言えるし、ひとつに特定できないから不定冠詞がつくのである。「真理」という抽象的な意味では truth は無冠詞である。There is some *truth* in what he says. のように使う。

説明を要しない語・weather の場合

たんに「天気」と言えば、今日の天気の意味であることが自明であるから、weather は定冠詞をつけて the weather と言うのが通例である。次の用法が典型的なものである。

The weather was clear, and slightly chilly.
The weather was yet dry and sultry.

We had *a good weather*. と言ってはいけないと *LDOCE*[6] は書いている。

次のように形容詞がついて天候の種類を言うときには冠詞はつかない。それは、「今日の天気」ではなく、天候というものを自然界の1つの要素として抽象的にとらえているからであろう。

Stormy weather blew across parts of western Japan.
Hokkaido has also been battered by *harsh weather*.

次の例では weather は「その日の天候」でも「ある種の天候」でもなく、「気象状態」という抽象的な意味で使われている。

The problem centers on technical defects in a satellite being built to replace the one satellite the United States depends on to forecast *weather*. (問題はアメリカが天気を予報するのに頼りにしているただひとつの衛星と交替するために建造中の衛星の技術上の欠陥に集中している)

Weather and damage to electrical installations and irrigation systems contributed to a fall in agricultural production. (天候の状態と電気設備や灌漑システムの被害のために農産物の生産量が減少した)

次の例にも weather の意味の抽象化の違いを見ることができる。

(a) Breakfast is served on the terrace, *weather permitting*. (*LDOCE*[6])

(b) In the evening, *when the weather permitted*, I walked on the stony beach of the sea to listen to the waves as they roared and dashed at my feet.

(a) の weather permitting は慣用句となっていて、「天候がよければ」という意味である。(b) では、「その時刻の天候がよければ」という意味で、具体的な日時の天候を指している。

「the + 複数名詞」による慣用表現

The Japanese are an industrious people.

上のような文において the Japanese は日本人全体を表わす、総称の意味である (cf. 第4章)。この「the + 複数名詞」という形は国民性を表わす一般的な形式であるが、その指すものが常識から分かるという意味で、広くいろいろな表現に使われる。

(a) For about three centuries after the Norman Conquest French was the official language of the country. It was used in *the schools*, in Parliament, in *the law courts*, and by other public bodies.
(b) You're one of thousands of English majors who come pouring out of *the colleges* every June.

(a) (b) に現れた the schools, the law courts, the colleges は「学校」「裁判所」「大学」と言えば何を指すかが常識的に分かるものである。

The moral of the story was that love was a gift that you must not question, because it came from *the gods*.

the gods は「あの聖なる存在」として読者が認識できるものである。

この種の表現の中には、名詞と指示対象との結びつきが固定化してしまって、イディオムのように使われるものも多い。以下にそれ

を列挙する。

- **the masses**（一般大衆）
    "Look at Lenin. Did he think about himself?" "He thought about *the masses*."

- **the polls**（投票所）
    Voters in Columbia went to *the polls* yesterday.

- **the media**（マスコミ）(media は medium の複数形)
    The issue has been much discussed in *the media*. (*CALD*[4])

- **the tabloids**（タブロイド版大衆紙）
    The story made the front page in all *the tabloids*. (*OALD*[9])

- **the professions**（知的職業）
    They were ruthlessly prevented from entering *the professions*.
    ［注］「知的職業」とは、ある時期においては牧師・弁護士・医師の3つの職業を意味した。

- **the classics**（古典文学）
    He is well read in *the classics*.
    ［注］西洋社会で「古典」と言えば「古代ギリシャ・ローマの古典文学」を指す。

- **the Scriptures** (= the Bible)

- **the arts**（芸術）
    Italian (i.e. the Italian language) has given us an important group of words belonging to *the arts*, especially music.
    ［注］絵画・彫刻・音楽などの芸術一般を指す。

- **the humanities**（人文科学）
    I've always been more interested in *the humanities* than

the sciences. (*CALD*[4])

- **the sciences**（自然科学・社会科学など）
  Many of the modern loan-words from Latin and Greek are to be found in *the sciences*.

- **the literati**（知識階級）(literati は literatus の複数形)
  The influence gleaned from her time among *the literati* proved to be of practical use. (COCA)（知識階級の中で過ごしたときに得られた感化は実際役に立った）

- **the mains**（上下水道・電気などの本管・主電源）
  Switch off the electricity at *the mains* before starting work. (*CALD*[4])

- **the works**（装備一式）
  The bridegroom was wearing a morning suit, gloves, top hat — *the works*. (*CALD*[4])

- **the controls**（操縦装置）
  A pilot's teenage son was at *the controls* and accidentally flipped the wrong switch on a Russian jet that crashed in Siberia last month.

- **the authorities**（当局）
  The drug trafficker has surrendered to *the authorities*.

- **the gallows**（絞首台）
  Johannes van Damme went to *the gallows* in Changi jail.

- **the jitters**（特に大事な出来事の前に感じる不安感）
  I've got *the jitters* about that examination.

- **the creeps**（ぞっとする感じ）
  The sight gave him *the creeps*. (J. K. Rowling, *Harry Potter and*

the Philosopher's Stone)

- **the shivers**(寒気)
  She's aching and she's got *the shivers*, so I've sent her to bed.($CALD^4$)

- **the heebie-jeebies**(びくびくする気持ち)
  Looking into the dark cave gave me *the heebie-jeebies*. ($LDOCE^6$)

- **the elements**(天候などの大自然の力)
  They have to face the inclemency of *the elements*.

- **the provinces**(地方)
  The show will tour *the provinces* after it closes in London. ($OALD^9$)

- **the regions**(首都から離れた「地方」)
  People in *the regions* should not have to travel to London in order to fly to the United States.(BNC)

- **the Midlands**
  the central part of a country, especially the central counties of England ($OALD^9$)(特にイングランドの中部地方)

- **the outdoors**(野外)
  They both have a love of *the outdoors*.($OALD^9$)

- **the seams**(縫い目)
  The dress is coming apart at *the seams*.

- **the pools**(サッカーくじ)
  They do *the pools* every week.($CALD^4$)

- **keep up with the Joneses**(人に負けまいと見栄を張る)
  They are using the *"keep up with the Joneses"* argument

by making comparisons with other cities that have built large, expensive new airports. (COCA)

・**the services**（陸海空の三軍）

Many of the boys went straight into *the services*. (*OALD*⁹)（入隊した）

Maybe you should join *the services*. (*LDOCE*⁶)

[注] アメリカでは the service.

・**the doldrums**（ふさぎこんでいる状態）

He's been *in the doldrums* ever since she left him. (*OALD*⁹)

・**go to the dogs**

This firm's *gone to the dogs* since the new management took over. (*OALD*⁹)（落ち目になる）

・**the suburbs / the outskirts**

「郊外」を表わす言葉に the suburbs, the outskirts があり、前者は in the suburbs, 後者は on the outskirts という形でよく使われる。

The house stood *in the suburbs* of Ashby.

On the outskirts of the town there was a small thatched cottage.

suburb はある広がりを持った地域という意味合いから前置詞 in を伴い、outskirts は都市の外縁に接する部分という意味から、隣接を表わす前置詞の on と結びつくことが多い。suburb は He lives in a suburb of London のように、郊外のある特定の場所という使い方もある。しかし、the suburbs と言えば、「都心から離れた場所」として、読む人がそれと分かる場所であるから定冠詞がつく。the outskirts も同様に、「都市の周辺部」としてそれだけで意味が特定できるから the がつく。

· the woods

「林」の意味の wood は単数で使われることもあるが、習慣的に複数形で、定冠詞を伴って使うことが多い。

> woods: an area of trees, smaller than a forest.
> a large *wood* / a walk in *the woods*（OALD⁹）

特定の林に言及せず、漠然とした方角として「林(森)へ行く」と言うときには the woods, 特定の林を指して言うときは the wood と言うのだと思われる。

> I walked in *a woods* that seemed to be made of crystal. (COCA)
> Since our home is on the edge of *a large woods*, in the fall our garden and yard become full of leaves.

· the mountains

行楽やスポーツ・狩猟のために「山へ行く」と言う場合、定冠詞つき複数形で go to the mountains と言う場合が多い。

> We're going to *the mountains* (= an area where there are mountains) for our holiday. (CALD⁴)
> A very skillful bowman went to *the mountains* in search of game, but all the beasts of the forest fled at his approach.

このような場合、必ずしもいくつもの山をまわるわけではない。ただ1つの山へ行く場合でも、行き先として「山へ」と言うとき、the mountains という漠然とした言い方をするのが習慣である。

「おじいさんは山へ柴刈りに…」

おとぎ話の「桃太郎」は次の書出しで始まる「ムカシ　ムカシ、オヂイサン　ト　オバアサン　ガ　アリマシタ。オヂイサ

ン ハ ヤマ ヘ シバカリ ニ、オバアサン ハ カハ ヘ センタク ニ イキマシタ」。この中の「山」は、英語では a mountain, the mountain, the mountains のどれになるのであろうか？ 答は the mountains である。講談社英語文庫の *Once Upon a Time in Japan* で Ralph F. McCarthy はこの部分を次のように書いておられる。One day, while the old man was up in the mountains gathering firewood, the old woman went to the river to do her laundry. おじいさんはいくつもの山をまわったわけではない。いつもたきぎを拾いに行く１つの山に行ったのに違いないが、おばあさんが川へ行ったのに対して、おじいさんは「山のほうへ」という漠然とした方角を指す言い方として the mountains と言うのである。

・**the lights**

the lights という言い方でさまざまな「あかり」の意味を表わす。

Don't forget to switch *the lights* off when you go out. (*LDOCE*[6])
All of a sudden *the lights* went out, and you couldn't see anything.（火事でビルの電灯が消えて何も見えなくなった）
As *the lights* went down the audience grew quiet. (*CALD*[4])
（劇場のあかりが消えたら観客は静かになった（次の場面を待ちうけるのだろう））

Keep going, *the lights* are green. (*OALD*[9]) では the lights は信号の意味である。

いずれの場合も、そのコンテクストにおいて the lights と言えば「どこのあかりか」が聞く人に自明であるから、定冠詞をつけるのである。

・**the sky / the skies**

the sky が一般的に「大空」を指すのに対して、the skies は具体

的に何かにかかわりのある空の姿を指す。

> *The skies* were overcast, and it was chilly and damp. (*LDOCE*[6])
> We're off to the sunny *skies* of Spain. (*CALD*[4])

・**the movies**（映画館）

アメリカ英語で「1本の映画の作品」は a movie であるが、the movies と言うと「映画館」の意味になる。I went to *the movies* last night.「昨日映画を見に行った」という場合、必ずしも2本立ての映画という意味ではない。「映画館へ映画を見に行った」という意味である。

イギリス英語では「映画館」を表わすもっとも一般的な言葉は cinema であるが、口語で the pictures, the flicks と言う場合もある。例：We are going to *the pictures* tonight. (*COBUILD*[8]) イギリス英語で「映画」を表わす一般的な言葉は a film である。

最上級と定冠詞

最上級の形容詞がつく名詞が指すものはひとつしかない、特定のものであるから、定冠詞がつく。

> Jane is *the youngest* child.

most を使う最上級の場合は、別の解釈も生じる。

> Henry is *most* efficient.

これは Henry is the most efficient clerk in the office. という最上級の意味と、Henry is a very efficient clerk. という、「強意の most」と両方に解釈される。

> (a) This lake is *deepest* at this point.
> (b) This lake is *the deepest* in Japan.
> (c) This is *the deepest* lake in Japan.

上の3つの文のうち、(a) では最上級に定冠詞がつかない。

定冠詞は名詞につくものであるから、名詞が表面に表われていなくても、そこに名詞の存在があると考えられている場合につける。

(c) は、この湖とほかの湖を比較して、この湖が一番深いという意味である。(b) は the deepest の後に lake を補うことが可能だから、やはり定冠詞がつく。(a) は、同じ湖の場所による深さを比較する形であり、This lake is the deepest lake at this point. という文は意味をなさないから、定冠詞は不要である。

副詞の最上級には定冠詞がつかない。

> Peter ran *fastest*.

これも、名詞との結びつきが考えにくいからであろう。

序数と定冠詞

the first, the second などの序数、すなわち順序を表わす語はその順序によって何を指すかが特定できるから、定冠詞をとるのがふつうである。しかし、何番目まであるかが分からない場合、既定の事実以外のものには不定冠詞がつく。

> Will there be *a third* world war?

第一次世界大戦・第二次世界大戦はすでに存在したものであり、これらは固有名詞化して、World War I / the First World War などと呼ばれる。しかし、第三次世界大戦というものは起こるかどうか分からないから、既定のものとすることはできない。したがって冠詞は不定冠詞になる。

> President Lincoln was inaugurated just one month before the Civil War began. He died one week after the war ended, one month after being inaugurated for *a second* 4-year term.

上の文では、リンカーンの大統領として2期目の就任を「既定の

事実」としてでなく、「そのとき新たに始まった2期目の4年間」というとらえかたをしているので、定冠詞でなく不定冠詞がついている。

「1位」は the first prize であるが、「1位に入賞する」は成句として win first prize と無冠詞で言う場合も多い。このような成句でなく、主語になるときは *The first prize* went to John. のように言う。また、John won *a first prize.* と不定冠詞をつけて言うこともありうる。それは1位が何人かいた場合、またはいろいろな競技があった場合である。

「第六感」は the sixth sense と言うときと a sixth sense と言うときがある。五感 (the five senses) のほかに、そういう感覚が存在するという前提で話すとき、それをはじめて話題にする言い方のときは a sixth sense となる。

> He seemed to have *a sixth sense* for knowing when his brother was in trouble. (*LDOCE*[6])
> *A sixth sense* told me that the train was going to crash. (*CALD*[4])

⟨next と last⟩

序数ではないが、next と last も順序を表わす言葉であるから、ここで扱うことにする。「次の」「最後の」と言えば順序が決まってくるから、これらには定冠詞をつけるのがルールである。しかし、すぐ身近な時を表わすには冠詞をつけない。next Sunday と言えば、今話しているときの次の日曜日を指す。the next Sunday と言えば、その場面での話題になっている日の次の日曜日という意味である。

> We are having a party *next Sunday*.
> We had a party *the next Sunday*.

next week と the next week, next September と the next September なども、同様である。

last night は「昨夜」で、the last night は「最後の夜」という意味になる。「その前夜」という意味を表わすには the night before または the previous night と言わねばならない。last year と the year before / the previous year など、同様である。next と last の用法は、ほかの場合もこれに準じて考えればよい。

'next' と 'last' の素性

もともと next も last も形容詞・副詞の最上級であった。古期英語で néah「近い」の比較級「より近い」が néar, 最上級「もっとも近い」が néahst という形であった（したがって、nearer というのは二重に比較級の形を作っていることになる）。英語と同系統のドイツ語では nah「近い」の比較級が näher, 最上級が nächst なのを見ればうなずけるであろう。

last は古期英語の læt（形容詞）・late（副詞）の最上級 latost の t が脱落した形である（ちなみに、best は古期英語の bet「よく」という意味の副詞の最上級 betest / betost が betst となり、betst の語中の t が後の s に同化して消失したもので、latost → last の変化とよく似ている）。

最上級に由来するから定冠詞の用法も最上級の語と同じ扱いになる、という議論はできないが、現代英語の next の「次の」、last の「最後の」という意味から考えても、この 2 語のついた名詞には定冠詞をつけるのが自然である。

the only と an only

「唯一のもの」はまさにひとつしかないのであるから、特定のものであり、ふつう定冠詞を必要とする。しかし、その only が限定的に働いているのでなく、あるものを説明する働きをしている場合には不定冠詞をとる。

(a) I was *the only* child that did not need a ticket.
(b) I was *an only* child so I got a lot of attention from my parents. (*CIDE*)

　(a) は「私は切符の要らないただひとりの子供だった」という意味で、特定の子供を指すから定冠詞がついている。これに対して、(b) は「私はひとりっ子だった」という意味なので、不定冠詞がついている。「ひとりっ子」の意味の an only child の複数で only children という形も存在する。

As the birth rate falls, increasing numbers of children are *only children*. (*CIDE*)

この only children は「ただの子ども」という意味ではなく、「ひとりっ子」という意味である。
　所有格の名詞・代名詞がつくと only の前の定冠詞は消えて、my *only* music box（私の持っているただひとつのオルゴール）などと言う。これを強める言い方は my *one and only* music box である。my only one music box とは言わない。

all と定冠詞

　形容詞の all は定冠詞を伴って all the ＋ noun の形で用いられることが多い。これは「全員」といえば指し示す範囲が明示されたことになるからである。

All the students in this class can speak French.

　この students が指しているのがどの学生達かということは、「クラスの全員」なのだから、おのずから明らかである。これは次のように省略した言い方でも同じである。

All the students can speak French.

　ここで定冠詞がついているということは、何らかの限定の意味が

加わっているという印である。したがって、たとえ明示的に範囲を示す語句を伴っていなくても、「あるクラスの学生」「ある大学の学生」など、言外の状況から考えられる範囲の学生を指しているということが読者には分かる。もし、これが無冠詞で

All students can speak French.

であれば、「世の中のすべての学生はフランス語を話せる」という意味になり、現実的にはありえない話になる。all の意味が「世の中全体」に広がってしまうわけである。次の例も同様であるが、こちらは現実としてありうる。

All men are created equal.

「すべての人間は生まれながらに平等である」というこの文において、men は限定されていないから、この地上のありとあらゆる人間という意味である。ここではその名詞の意味の最大の広がりを表わしている。

ある数の成員が全部という意味を表わす場合は無冠詞で使うことが多い。

(a) *All* 26 people on board the plane were killed.
(b) Within the past year, Kriangsak has responded to invitations from Washington, Moscow and Peking by making official visits to *all* three capitals.

(a) では26人の乗員・乗客、(b) では3つの首都という限定されたものを指しているのに、定冠詞がつかないのはなぜであろうか。それは、これらの文では特定の場面について述べているからだと思われる。

(a) は「26人の乗員・乗客が乗っていた飛行機」という世界の話である。その限られた世界の中で「すべての乗員・乗客」と言えば、その26人を指すことになる。同様に、(b) では「ワシントン・モスクワ・北京」という3つの首都が話題になっている場で、「すべ

ての首都」と言えばその3都市のことになる。

次の例ではもう少し範囲が漠然としているが、同様に解釈できる。

(a) The trail of death touched *all* corners of Africa. (死の影がアフリカ全土にみなぎった)
(b) For convenience of reference, there are summaries at the beginning of *all* chapters, and a full index at the end of the book.

(a)では「アフリカの全土」、(b)では「この本」という場面が設定され、その中で「すべてのもの」を指している。

セットになった語句

2つで対になって使われる語句は、一方を定めれば他方はおのずから限定されるから、ともに定冠詞をつけるのがふつうである。

〈the former ... the latter〉

I visited Naples and Rome but I liked *the former* city much more. (*CIDE*)

There are plastic and wooden garden chairs but *the latter* are more expensive. (*CIDE*)

前者・後者と言えばそれぞれどれを指すかが明白だから、定冠詞がつく。

〈the beginning ... the end〉

In *the beginning* God created the heaven and the earth.
There is a drugstore at *the end* of the street.

すべての物事には始めと終わりがあるに決まっているから、the beginning, the end は定冠詞を伴うのが通例である。しかし、そのような決まったものとしてでなく、始まりと終わりを話題にするときは不定冠詞がつく。

Everything has *a beginning* and an end.
The negotiations came to *an end* on Thursday.

from beginning to end (始めから終わりまで、終始) という熟語では無冠詞で使われる。

⟨majority / minority⟩

ある集団を2つに分けると、たいていどちらかが多数派でどちらかが少数派になる。その場合の片方は2つのうちの1つであるから、the majority / the minority は定冠詞がつくのが原則となる。

(a) She arrived late and as she entered the party, she noted that gentlemen seemed to be in *the majority*.
(b) Boys are very much in *the minority* at the dancing class. (*LDOCE*[6])

(a) ではパーティーの出席者は男性か女性のどちらかであり、男性が多数派であるようだったと言っている。(b) ではダンス教室で男子は少数派であると言っている。

人々を単一のグループとみなす場合は majority はふつう単数形として動詞をとる。

The majority is unwilling to listen to the views of the minority. (*LDOCE*[6])

イギリス英語では複数形としても扱われる。

Under pressure from parents, *the majority* of Brooklyn College girls major in education.

ここでは、過半数という厳密な数え方をしているとは思えない。女子学生の大部分という意味であり、ここでの the majority of Brooklyn College girls は most Brooklyn College girls の意味に近いと言える。

上のように、多数派・少数派のどちらかに分ける考え方ならば、そのどちらであるかを指す言い方として定冠詞が使われる。しかし、同じ多数派でも、その度合いを言うときは不定冠詞がつく。

> The Labor Party won *a huge majority* at the last general election. (*LDOCE*[6])
> The government gained only *a narrow majority*, with 151 votes against 144. (*LDOCE*[6])
> Gaelic is still spoken in Ireland by *a minority*. (*LDOCE*[6])
> Try to imagine a market in which only *a minority* of traders would lose, and *the majority* would make consistent profits.

多数勢力はそのグループの代表的存在であるから、majority には定冠詞がつきやすい。minority は、「そういうものも存在する」という書き方になるから、不定冠詞がつきやすいと言える。

〈most of と most〉

「大部分」という意味の most には冠詞は不要であるが、most of の後に続く名詞は、「あるグループのうちの大部分」という意味であるから、次の (a) のように定冠詞をつけねばならない。most を形容詞として使って、(b) のように言うこともできる。

> (a) *Most of* the students can speak English.
> (b) *Most* students can speak English.

(a) は、話題になっている大学などの学生は大部分が英語を話せるという意味である。(b) は漠然と、たいていの学生は英語が話せるという意味で、世間一般の学生という意味になる。次のように言うことはできない。

> (c) Most of students can speak English. (誤り)

(c) は、「学生の大部分」と言うのに、どこの学生について言うの

か明確でないので、この構文では使えない。漠然と「学生の大部分」と言うのであれば、(b) の形を使うべきである。

〈階級を表わす class〉

イギリスは階級社会の色彩をかなり残しているが、その階級は the upper class / the middle class / the working class の 3 つに分けるのがふつうである。そのような前提があるため、たとえば the middle class と言えば、上流階級・労働者階級と区別された中流階級としておのずから限定された階級の名称として認識される。In Britain there are three main social classes: the upper class, the middle class and the working class. というわけである。

ややこしいことに、これを複数形で the upper classes / the middle classes / the working classes という言い方も存在する。

(a) If Marx was the champion of *the working classes*, Calvin was the prophet of *the middle classes.*
(b) As *the upper classes* all know each other, they get in a panic if their children get engaged to someone they haven't heard of.

たとえば中流階級は upper middle class, middle class, lower middle class とさらに細分化されるため、複数形を使うのかもしれない。upper class などはある統計によれば国民の 2 パーセントしかいないので、上流階級をさらに細分化するという見方は考えにくいが、意識としては上流階級の中にもさらに格づけがあると思っている人もあるそうである。

一般的に、複数形を使うことによって表現が婉曲になるという作用があるから、階級を指す言い方に複数形を使うのはそういう心理が働いているのかもしれない。

〈sector〉

一国の経済活動を公共部門と私企業部門に分けて、the public

sector (the government-owned sector) / the private sector という言い方をよくする。どちら側であるかを示す言い方なので、両者とも定冠詞がつく。

> The new government's policy is to transfer state industries from *the public sector* to *the private sector*. (*CIDE*)

そのほかにも、the banking sector（銀行部門）, the electronics sector（電子機器部門）, the manufacturing sector（製造部門）などは、いずれも業界をいくつかに分けた、そのどの部門であるかを指す言い方だから、定冠詞がつく。

〈Testament〉

聖書には旧約聖書と新約聖書があり、それぞれ The Old Testament と The New Testament と言う。「古いほうの」Testament と「新しいほうの」Testament と言えばそれで何を指すかは自明だからである。では、次のような書き方をすればどういう意味を持つであろうか。

> The Christian Bible is divided into *an Old Testament* and *a New Testament* which reflect two different kinds of covenants between God and human beings. (キリスト教の聖書は旧約聖書と新約聖書に分かれており、神と人間との2つの別々の契約を反映している)

ここでは「旧約聖書」「新約聖書」という2つのものがすでに与えられた概念ではなく、そういうものがあるということをここではじめて話題にして説明するものだから、不定冠詞が使われている。

the so-called ～

「いわゆる」というのは「世間でそう呼んでいる」という意味であるから、皆がそう呼んでいるものは当然相手も知っているはずだという前提が生じ、定冠詞をつけて the so-called という形で使われ

ることが多い。

> (a) A celebrated example of a natural communication system of this kind is *the so-called* language of the bees.
> (b) Another explanation is *the so-called* 'grandmother hypothesis.'

(a) では「世間で蜜蜂の言葉と呼んでいるもの」と言い、それは相手も聞いたことがあるはずだという含みで述べている。(b) の 'grandmother hypothesis' という仮説は、読者にとってなじみの薄いものであるかもしれない。しかし、ここで定冠詞を使うことによって、書き手はこの術語が少なくとも学界ではよく使われる言葉だという前提に立って、そのことを読み手に伝えようとしている。

しかし、次のように定冠詞をつけない場合もある。

> (a) Psycholinguists have proposed *a so-called* 'Pollyanna hypothesis' that people tend to look on the bright side of life.
> (b) In addition to senior judges and bishops, some 350 others are *so-called* life peers, 'distinguished' citizens whose seats will not be passed on to their heirs.

(a)(b) では、so-called に続く言葉の表わすものを読み手が必ずしも知っていないと書き手が思っているという含意がある。(a) では 'Pollyanna hypothesis'「ポリアンナの仮説」の考え方を解説し、(b) では life peers「一代貴族」の意味を説明しているところからそのことがうかがわれる。このように、so-called は相手が知っているはずのものを表わすことが多いが、「ある用語があること」を読者に伝え、その意味を説明する働きもあることが分かる。

最近の傾向として、so-called の後に続く表現は、実態と離れた不当な呼び方であるという含みを持って使われることも多い。辞書があげている語義・用例はもっぱらその方向のものである。

How have these *so-called* improvements helped the local community? (*OALD*[9])

(*derog*: *usu attrib*) wrongly described or named in such a way: Your *so-called* friends have gone without you! (*CULD*)

so-called friends という言い方は、「友達と称する人」「友達ということになっている人」という意味で、実際は冷たい態度をとっている人を皮肉って呼ぶのに使われている。

最初の例文にある the *so-called* language of the bees で定冠詞がついているのは、「世間ではそういう呼び方が定着していたのだが」という前提を表わしている。定冠詞がつかない場合は、そういう呼び方が不当であるという書き手の意図をより明確に主張していることになる。

the fact that ～ の構文

「～という事実」を表わす言い方は、次のように the fact that ～ という構文で使うことが多い。

She was proud of *the fact* that her father always preached in English.

He explained it by *the fact* that he had no children of his own.

この構文で that の節は名詞節で、fact と同格であり、fact の内容を表わしている。「～という事実」という言い方は、それが既定の事実であるという前提に立っているから、定冠詞をとる。

同格の節でない場合は別である。

It is *a fact* that the earth is getting warmer year by year.

ここでは that 以下の節は同格の節ではなく、fact とは切り離された、「地球が温暖化に向かっていること」という意味の名詞節であり、これがこの文の意味上の主語になっている。このような fact は

世の中にいくつもある「事実」の1つであり、特定の事実ではないから、不定冠詞をとる。

　一般的に同格の that 節は、その前にくる名詞の意味を限定する働きがあるから、定冠詞を伴うのが通例である。

(a) Tom was appalled with *the idea* that she might die.
(b) She heard *the news* that the Browns were not coming back.

ただし、限定する働きが強くないときには定冠詞がつかないこともある。

(c) He brought her *news* that her brother had safely returned.

同じ news という名詞に定冠詞がついている (b) と (c) はどこが違うのかが問題になる。およそニュースというのは、はじめて聞くからニュースなのではないか。それはその通りであるが、(b) の場合には、そういう情報が存在するという前提で書き手は書いている。ブラウンさんたちがもう帰ってこないのだという情報を、この文の書き手は知っていたという含みがある。(c) は、兄が無事帰ったという知らせを、この文の書き手もはじめて聞く情報として伝える文である。

news と同様 rumour も、定冠詞がつく場合とつかない場合がある。

They refused to confirm or deny *the rumour* of planned job losses. (*CIDE*)（彼らは失業するといううわさを肯定も否定もしなかった）

これは、そういううわさが存在するという前提で話をしている。

There's *an* unsubstantiated *rumour* that Eddie is bankrupt. (*LDOCE*[6])

「証拠のない」うわさが流れているという意味であり、あくまで

「うわさ」として語るのであるから、そういううわさが存在するということをはじめて話題にするという言い方で、不定冠詞がついている。

Rumour has it that they plan to get married. (*LDOCE*⁶)

のように rumour has it that (うわさによれば) という成句の形もあるが、ここでは rumour の意味は更に抽象化して、抽象名詞扱いとなって無冠詞である。

belief という単語も同格節を伴うことが多い。belief という語を使うときには、ある考え方が存在するという前提に立って言うのであるから、定冠詞をつけるのが普通である。

The belief that death is a gateway to a better life ought to help men overcome the fear of death.
I have been uneasy in *the belief* that I have offended you.

しかし、次のように、そのような考えを持つことを1つの可能性として考えるときは、新しく登場する概念であるから、不定冠詞がつく。

She cheated herself into *a belief* that they would soon be reunited. (彼女はふたりがまもなくふたたび結ばれると無理に信じることにした)

「唯一物」と固有名詞の間

「ただひとつしかないものには定冠詞をつける」という原則がある。これは何も特例ではなく、「ある場面で何を指すかが明らかなものに定冠詞をつける」という原則の適用例に過ぎない。ただひとつしかないものは、何を指すかが明白だからである。the sun, the moon, the earth, the solar system, the universe などがそうである。the stars, the planets は複数形であるが、やはり何を指すかが明白だから定冠詞がつく。地球の部分、the north/south pole, the equator なども同様である。

同じ天体でも、Venus, Mercury, Mars などの惑星、Vega, Altair などの恒星の名前は無冠詞である。しかし、Venus の別名である the Evening Star, the Morning Star は定冠詞がつく。一方は「名前」として固有名詞扱いであり、他方は「何を指すかが特定できる普通名詞」として定冠詞がつく。地球はふつうは the earth であるが、惑星の1つとして見るときは大文字・無冠詞で Earth と書くこともある。

神や悪魔を指す言葉では、God, Christ, Satan などは無冠詞だが、the Saviour, the Messiah, the Dalai Lama, the Devil などは定冠詞がつく。

固有名詞となっている語は「名前」であるから、それ以上意味を分析することは考えられない。いっぽう、普通名詞のほうは「あの〜」と言って指し示す言い方である。同じキリストを指すのに Christ と言えば名前であるが、the Saviour と言うときは「救世主」という意味を持ち、その「救世主」とはキリストのことである、という共通理解から Christ と同じものを指すことになる。

the Bible, the Koran はそれぞれキリスト教・イスラム教の聖典として相手に通じる本であるから、定冠詞がつく。しかし、1冊の聖書というときは、世界に何冊もある本の1つであるから、a Bible という。

固有名詞と普通名詞の中間に位置するものとして Heaven, Hell, Nature, Fate, Fortune などがある。これらは「名前」ではなく、意味を持った普通名詞であるが、擬人化されて「名前」に近い意識で使われるため、大文字で書かれる。

親しい仲間内で自分の家族を指して言うとき Father, Aunt などと大文字で書くのは、そのコンテクストではひとりに特定できる存在という意味で、「名前」に準ずる扱いとなっている。the father と冠詞をつけて言えば、それは他人の父の意味になる。

「北極」「南極」「赤道」なども大文字で the North Pole, the South Pole, the Equator と書くことが多いのは、地名に近い意識が働く

からであろう。

しかし、これらの「唯一物」を指す名詞も、その使われる場面によって不定冠詞をとるときもある。次は木星に彗星が衝突した模様を報じる文である。

> The first fragment from comet Shoemaker-Levy 9 smashed into Jupiter on schedule Saturday, raising a plume of heat and clouds and leaving the planet scarred with a black dot about half the size of *Earth*. Observatories in Chile and Spain and the orbiting Hubble Space Telescope captured views of a fireball and rising plume of hot gas that experts estimated at 1,930 kilometers wide. "It's brighter than Io (*a moon* of Jupiter)," exclaimed co-discoverer Eugene Shoemaker.

ここでは木星の衛星の1つである Io のことを a moon of Jupiter と言っている。the moon と言えば「誰でも思い浮かべる、あの月」であるから、地球の月のことで、木星の衛星の意味にはならない。また、この文の中で地球を無冠詞・大文字で Earth と言っているのは、木星が話題になっている報道の中で同じ惑星のひとつとして位置づけているのであろう。

第1章 (p. 31) でも述べた通り、不定冠詞と修飾語をつけて a pale moon という言い方もある。これはいつも見慣れた月 (the moon) のある晩の姿を言うので、決まったものではないから不定冠詞がつく。ちょうど固有名詞に不定冠詞がつく、**a beaming Obama** などの場合と同じ原理である。

「地球上で」という意味で on the earth と言うときと、on earth と言うときがある。前者は物理的な地球という意味、または「地面」という、文字通りの意味に近い用法であり、後者は「一体全体」とか「およそ世界中で」というような、強調した言い方に用いられる。

> The lion is the king of beasts *on the earth*.

The Jew kneeled down *on the earth* which he kissed in token of reverence.

What *on earth* does she mean?
Nobody *on earth* will know of your visit to this house.

第 3 章　固有名詞と冠詞

1.　総論: 固有名詞の原則と例外

　固有名詞は人名や地名など、「名前」であるから、その名前を言っただけで指しているものが分かるはずのものである。したがって、冠詞は不要なのが原則である。次のような名前は、普通名詞に名前を冠したもので、普通名詞を含んだ全体が「名前」として扱われ、冠詞をつけない。

Lake Michigan, Central Park, Piccadilly Circus, Westminster Bridge, Paddington Station, Canterbury Cathedral, Buckingham Palace, etc.

　一方、同じような構成の名前でも、その要素の普通名詞にまつわる意識が残っていて、定冠詞をつけるものがある。

the Golden Gate Bridge, the Grand Canyon, the White House, *the Washington Post*, the River Thames, the English Channel, the British Museum, the National Gallery, the Alps, the Philippines, etc.

　最初のグループの名前は文句なしに名前として認識されるのに対して、後のグループの名前は、定冠詞による限定の力を借りて名前として認識されるように思われる。それぞれの範疇によって冠詞をつけるかつけないかがほぼ決まっている。たとえば海・川・ホテル・劇場・新聞の名前は the をつけるのが慣例になっている。

　ある範疇の名前がなぜ冠詞をとり、別の範疇の名前がなぜ無冠詞なのか、それは偶然そう決まったとか、恣意的にだれかが決めたというものではないはずである。人間の使う言語であるから、そこには言語に内在する原理が働いているはずである。この章では、いく

つかの項目でその原理をさぐってみることにする。

ただし、そのような使い分けの原則が納得できたとしても、なお例外が残る。たとえば、複数の名詞には定冠詞をつけるという原則がある。the Alps, the Hebrides, the United States などの地名・国名に the がついているのはこのためである。しかし、その一方で Kensington Gardens (ケンジントン公園) というふうに the のつかない例もある。

これは例外として受け取るほかはない。例外だらけの冠詞の用法の中でも、固有名詞の用法には特に例外が多い。あたかも固有名詞の世界は冠詞の用法における治外法権のような観を呈している。それは、固有名詞はそのもの独自の名前であるがゆえに、名前のついた事情や、現代の人がそれを呼ぶ習慣などが名前ごとに違うからで、そのような例外は個別に覚えるほかない。

地図では冠詞は分からない

地図では、スペース節約のため定冠詞は書かないのが通例である。Atlantic Ocean, Sea of Japan, Bay of Biscay, Rocky Mountains, British Museum, River Thames, Sydney Harbour Bridge のように、文中に書くときは定冠詞が必要な固有名詞も冠詞のない形で出ている。したがって、地図を調べて定冠詞の必要・不必要を知ることはできない。

地名と定冠詞

山の名前には冠詞がつかないが、川の名前には定冠詞がつく。そうかと思えば湖は無冠詞だが、海は定冠詞がつく。このように、地名と定冠詞との関係は千差万別であり、その用法は個々に覚えるより仕方がないように見える。しかし、そこにはやはり一定の原理が働いているはずである。Hewson: *Article and Noun in English* は、次のようにジャンルを大別した。

(1) 定冠詞のつくもの: ocean, sea, river, canal, isthmus, peninsula, gulf, etc.
(2) 無冠詞のもの: street, avenue, square, pond, bridge, mount, cape, lake, island, bay, park, etc.

この両グループを眺めてみると、(1) のグループのものははっきりした境界がないのに対して、(2) のグループのものは境界がはっきりしていることが分かる。Hewson の例を借りるならば、St. Lawrence River がどこまでで、どこからが the Gulf of St. Lawrence であるか、言うことはできない。このように、境界がはっきりしない種類の地名には定冠詞をつけることによってそのものを明示し、他方、おのずから境界が明らかなものは冠詞を要しない、と考えることによって両グループの区分が理解できるように思われる。

運河 (canal) などは人工的なものであるから、どこからどこまでという境界ははっきりしているであろう。しかし、ある運河の岸に立った場合、あるいは運河を航行中の船から見た場合、その運河の入り口と出口がともに見えていることは少ないであろう。海 (sea, ocean) の名前も定冠詞を必要とする。海岸に立って水平線を眺めるとき、眼前の海ははてしなく広がるのみである。湾については、大きな湾である gulf は対岸が見えないであろう。しかし、bay であれば対岸が見えるから、見る人が全体像を認識することができる。

半島 (peninsula) は、湾 (bay) と同じようにはっきりした輪郭を持っている。しかし、湾は対岸まで見渡せるが、半島の端から端まで見渡すことはできない。人間の感覚で境界を認識しにくいものには冠詞をつけてそのものを特定する、という考え方は理解しやすい。

島 (island) は、佐渡島や淡路島のように大きな島であれば一目で全体を見渡すことはできないが、一般的に海上から海に浮かぶ姿を認めることができる。山 (mountain)、湖 (lake)、岬 (cape) なども目に映ずる輪郭がはっきりしているから、定冠詞をつけなくても認識できる、というのが Hewson の説であり、この考え方で地名と冠詞のかかわりはかなりの部分が説明できる。

普通名詞から固有名詞へ——定冠詞は消えてゆく

「定冠詞のついた固有名詞」というのは、もともと普通名詞に定冠詞がついて特定の事物を表わしたものが全体として固有名詞の扱いを受けるようになったものである。その表現が定着してくると、定冠詞が省略されて、一般の「名前」と同じ形に移行する。Quirk et al.: *A Comprehensive Grammar of the English Language*（以下 *CGEL*）は、この過程を次の例で説明している。

> (i) the Oxford road → (ii) the Oxford Road → (iii) Oxford Road

(i) の段階では「Oxford に行く道路」という意味で、特別のものを指す普通名詞である。(ii) では Road が大文字になったことにより、固有名詞になったと言える。(iii) はその道路の名前が広く使われるようになった結果、固有名詞としての意識がさらに強まり、冠詞が不要になった。

ニュージーランドの North Island と South Island は、もともと普通名詞に形容詞がついたものであるから、最初は the North Island, the South Island と言っていた。しかし、今では固有名詞化して無冠詞で使うこともある。

同様に、ロンドンの the Green Park が Green Park になり、the Regent's Park が Regent's Park になる。

このような普通名詞から固有名詞への進行は段階的なものであって、はっきりした区切りを見出すことはできない。Quirk et al.: *CGEL* の次の例がそれをよく物語っている。

> In 1965–1968 she attended ...
> 　　　　　　the Paris Conservatoire.
> 　　　　　　(the) Hatfield Polytechnic.
> 　　　　　　York University.

パリの音楽院はイギリス人にとって外国の教育機関であるので、「あのパリのコンセルバトワール」と言って、説明する言い方にな

る。Hatfield Polytechnic は、知っている人は知っているが、知らない人もいる。知らない人に、こういう Polytechnic（高等専門学校）があって、彼女はそこに通ったのです、と伝える気持ちであれば the をつけることになる。説明の必要がないと感じれば無冠詞で使うことになる。Hatfield Polytechnic に the をつけるかつけないかは、この高等専門学校の名前がどの程度その社会になじんでいると感じるかによる。最後の York University は大学名として定着していると感じられるので、無冠詞である。

固有名詞から普通名詞へ――名前に冠詞がつく場合

固有名詞に冠詞がつかないのは、同じ名前の人やものが 1 つしかないため、限定の必要がないからである。同じ名前の人が何人もいて区別する必要があるとき、または同じものの違ったいくつかの面を話題にするときは、冠詞が必要になる。

(a) *The John* that I know is a young man.
(b) *The London* that I knew was a city filled with smog.

(a) ではジョンという名前の人が何人もいる中で、「私の知っているジョン」としてその人を特定している。(b) では、ロンドンという都市のさまざまな姿のうち、「私が知っていた時期のロンドン」という意味で London が限定されている。

次の例では日本という国のある面を指している。

For many people, the thought of Japan playing any sort of role in the security arena conjures up images of *a rearmed, militarist Japan*.

次のように、ある人物の一時的な表情などを表わすこともある。

In Richmond, *a relaxed* Clinton moved toward the audience and established eye contact. (COCA)
State television showed *a smiling Suu Kyi* meeting Lt. Gen.

Khin Nyunt.

定冠詞をつけた、次のような言い方もある。

> Staring out at a vista of pitted streets and tawdry kiosks selling Western junk food and sugar-laden drinks, *the bearded Solzhenitsyn* said:
> "The state does not meet its obligations to the people ..."

これは、ある人物について一般的に定着したイメージがある場合に使われる。冠詞をつけず、たんに形容詞をつける場合もある。

> Beautiful Evelyn Hope is dead! (Robert Browning, *Evelyn Hope*)

この用法は poor old John, dear Jane などのように話者の感情をこめた言い方に多い。

次の例では Newton が「ニュートンのような科学者」、Walt Disney が「ウォルト・ディズニーのような漫画家」という意味で、普通名詞化している。

> He is aspiring to be *a Newton*.
> Tezuka Osamu was called *the Walt Disney of Japan*.

次の言い方は「そういう名前の人であるということだけが分かっている」という意味である。

> *A Mr. Davison* called yesterday. (デイビソンとおっしゃる方が昨日来られました)

この冠詞の用法はしばしば軽蔑的な意味を含む。

> My landlady knocked at the door and said, 'A Mr Parkis to see you.' (Graham Green, *The End of the Affair*)

人名に由来する製品の名前は普通名詞として扱われる。

> I can't afford *a Ford*.

これは「私はフォードの車を買う余裕がない」と語呂合わせのしゃれになっている。次の

> I am *a Ford*, not a Lincoln. My addresses will never be as eloquent as Lincoln's. But I will do my best to equal his brevity and plain speaking.

は、アメリカの38代目の大統領になるフォード氏が、ニクソン大統領のもとで副大統領の宣誓をしたときのスピーチである。私は車にたとえればフォードのような大衆車であって、リンカーンのような高級車ではない、という気のきいた言い方になっている。

複数形の名前

複数形の名前には定冠詞がつく。たとえば、the Netherlands, the Great Lakes などがそうである。いくつかのものがひとまとまりになって、ある地域や国として認識される場合、個々の成員のたんなる集まりではなく、全体としての存在を指し示す必要があるからであろう。この形をとるのは次のジャンルの名前が多い。

① 国名

the United States (of America), the Netherlands, the Philippines, etc.

アメリカ合衆国は the U.S. と略することもできるが、その場合も（形容詞的用法の場合などをのぞいて）the を必ずつけるのは、上記の原則が働いているからである。いずれの場合にも、いくつかの部分が集まって単一の国として認識されるために、定冠詞でそれと指し示している。

② 群島の名前

the Philippines, the Hebrides, the Canaries (or the Canary Islands), the Bahamas, the Aleutians, the Kuriles (or the

Kurile Islands), the Spratly Islands, etc.

the Philippines は国の名前と同じである。

③ 山脈の名前

the Alps, the Andes, the Himalayas, the Rockies (or the Rocky Mountains), the Appalachians, the Pyrenees, the Urals, etc.

「コーカサス山脈」は the Caucasus Mountains とも書くが、単数形で the Caucasus とも言う。「シエラネバダ山脈」の the Sierra Nevada はスペイン語の単数形であるが、山脈の名前として定冠詞がついている。

④ 例外

Kensington Gardens（ロンドンのケンジントン公園）は複数形であるが、無冠詞である。

the Bay of Tokyo の形

固有名詞の後に of-phrase がつくとき、その名詞には定冠詞がつく。

> 例: the House of Commons, the District of Columbia, the University of London, etc.

「ロンドン大学」は London University とも言う。
この種類の名前には次の3種類がある。

(i) 2つの形があり、使い分けがあるもの
the University of London は London University とも言う。前者が正式の名前で、後者はやや口語的な言い方である。同様に、東京大学は正式には the University of Tokyo で、口語的には Tokyo University である。

(ii) 2つの形があり、ほぼ同じように使うもの
　the Bay of Tokyo は Tokyo Bay と言っても同じである。
(iii) 一方の形しかないもの
　the Bay of Naples (Naples Bay は誤り)
　Hudson Bay (the Bay of Hudson は誤り)

　英語世界で呼び方が定着した名前は (iii) のいずれかの形になり、そのものによっては (i) のように使い分けがされるようである。

外国の事物の名前

　英語社会においていろいろな場所・施設の名前は決まっているので、われわれは個々の名前を覚えるときに、冠詞の有無をいっしょに覚えればいい。Westminster Abbey には冠詞がつかない、the Mall には冠詞がつく、という風に覚えるわけである。

　困るのは、そのような用法が定まっていない、外国の事物の名前の場合である。日本のある場所や機関の名前を英語で言うときどうするか。英米人にとってもはじめて見聞きする事物の名前は、慣用というものが定まっていない。その場合、やはり一般的な固有名詞の命名のしかたにしたがって考えればよい。山の名前は the がつかないから Mt. Fuji, 川の名前は the がつくから the Shinano River などとすればよい。

　英語の語彙に入っている、よく使う固有名詞について、一般的に「外国の事物には定冠詞をつける」という傾向がある。国の議会の名前で、イギリスは Parliament, アメリカは Congress と無冠詞だが、日本のは the Diet と冠詞がつく。Westminster Abbey や Buckingham Palace には冠詞はつかないが、the Kremlin には冠詞がつく。クレムリンはロシア語で砦 (fortress) を意味し、後に帝政ロシアの宮殿となった。

　Queen Elizabeth や Prince Charles は無冠詞だが、英米以外の国の元首のタイトルは定冠詞をつけることが多い。the Emperor Charlemagne, the Roman Emperor Constantine, the Emperor

Napoleon など。これは、英米の元首は英語国民にとって親しみが深いからすぐそのものが分かるのに対して、外国の事物は説明的にそのものを指し示す必要があるからであろう。しかし、場合によっては冠詞をつけない名前もある。(the) Emperor Haile Selassie, (the) Czar Alexander, (the) Archduke Ferdinand などがそうである。Kaiser Wilhelm II は無冠詞である。

'the Emperor Charlemagne' と言うとき、普通名詞の the Emperor と固有名詞の Charlemagne が同格になっている。一方、Queen Elizabeth と言う場合、Queen は Mr. や Professor のようなタイトルになっている。

Emperor も次第にタイトルとして扱う例が増えているようである。日本の天皇は、以前は定冠詞をつけることもあったが、最近では Emperor Akihito and Empress Michiko のように無冠詞で使うのをよく見る。

the Dalai Lama はチベット仏教の指導者で、チベット語で文字通りの意味は「大海の導師」だが、彼は「思いやりの大海」と考えられているのでそう呼ばれる。

原語の名前と英語での呼び方

外国の地名や事物が英語の文の中で現れる場合、次の3通りの呼び方がある。

① 英語での呼び方にしたがい、定冠詞の有無も英語での原則にしたがうもの (現地での呼び方を使うこともある)

例: the Sierra Nevada (スペイン語では無冠詞の Sierra Nevada); the Falkland Islands (スペイン語で las Islas Malvinas と呼ぶ); the English Channel (フランス語名 la Manche); Mount Everest (チベット名 Chomolungma); Mount Vesuvius (イタリア語では Vesuvio); Mount McKinley (現地語の名前では Bulshaia, Traleika または Denali 'great'); the Eiffel Tower (エッフェル塔) など。

② 現地のことばで定冠詞がついている地名を英語の定冠詞に置き換えるもの

例: the Jungfrau (ドイツ語 die Jungfrau「乙女」); the Matterhorn (ドイツ語 das Matterhorn「牧草地の山頂」); The Hague (オランダ語の 's Gravenhage「(伯爵たちの) 生垣」を略した Den Haag に由来) など。

③ 現地のことばに英語の定冠詞をつけるもの

例: the Arc de Triomphe (フランス語「凱旋門」); the Place de la Concorde (コンコルド広場), the Champs-Élysées (シャンゼリゼ大通り) など。

④ 冠詞を含めて原語の形をそのまま用いるもの

例: *Le Monde*, *Der Spiegel*, *Il Tempo* (新聞の名前); La Scala (ミラノのオペラハウス・スカラ座) など。le はフランス語、der はドイツ語、il はイタリア語の、いずれも男性形の定冠詞である。La Scala の名前は Santa Lucia della Scala「階段の聖ルチア教会」の跡に建てられたことに由来する。イタリア語の scala は「階段」の意味で、la は定冠詞の女性形である。

the Hudson River の型と the River Thames の型

固有名詞の成分の中に普通名詞が入っている場合、その普通名詞は後ろにつくのが普通である。Westminster Abbey, Hampton Court Palace, Waterloo Bridge, the Hudson River などがそうである。しかし、中には the River Thames のように普通名詞が前につくものもある。the Hudson River のタイプと the River Thames のタイプを比較すると、前者では Hudson が River を形容しているのに対して、後者では River と Thames が同格の形で併置されているように感じられる。かなり有名な名前の場合に後者の形をとるように思われる。(cf. p. 118)

この意識が更に進むと人名の Queen Elizabeth や Lady Macbeth, President Lincoln のように称号として使われることになる。

Mr. (< Master), Mrs. (< Mistress), Dr. (Doctor) などの称号も
このような名前と同格の普通名詞に由来するのであろう。

大文字の The と小文字の the

　固有名詞に定冠詞をつける場合、ふつうは冠詞は小文字で書く。
例: the Sea of Japan, the Caucasus など。

　新聞の名前は大文字で書くことが多い。例: *The Times*, *The Wall Street Journal*, *The Economist* など。新聞の第1ページの最上段に書かれる、その新聞の名前は大文字で始まる。それは、タイトルや見出しの最初の語は大文字で始めるという原則にしたがっているためであろう。しかし、文中では小文字で書かれる場合もある。

　　I read it in an article in *the Times*.

Perrin: *Writer's Guide and Index to English* は次のように説明している。

> *The* (or *a*) is capitalized and italicized or set within quotation marks only if it is a part of the recognized title: *The Yale Law Journal* but the *Harvard Law Review*, *The American Historical Review* but the *American Sociological Review*, *The New York Times* but the *Los Angeles Times*.

それぞれの新聞または出版物が冠詞を名前の一部と考えているかどうかによって区別されるようである。たとえば、*Los Angeles Times* は新聞の名前は無冠詞である。しかし、「あのロサンジェルス・タイムズ」という意味でそれを指して語るときは the をつけることもある。その場合の the は新聞の名前の一部ではないので、小文字を使う。

　The New York Times は冠詞が名前の一部になっていて、紙面の上の題字も The が大文字で書かれているため、文中でこの新聞に言及するときも The を大文字で書く。しかし、そのことを特に意識しないときは文中では小文字で *the New York Times* と書くこともあ

る。

　オランダの都市名 The Hague は習慣的に大文字の The をつける。これは Hague という名詞に冠詞をつけたというのでなく、はじめから The Hague という名前として決まっているという意識からくるのであろう。

2. 各論: 各種固有名詞の用法

　以下に、地名や組織名など、意味の分野ごとに定冠詞の用法を調べてみたい。

地　名
〈大陸の名前〉

　大陸の名前は、前に形容詞がついたときもつかないときも、無冠詞である。例: (South) America, (Central) Africa, (East) Asia, (East) Europe, (Central) Australia, Antarctica など (North America と South America をあわせた「南北アメリカ」は the Americas と言う)。しかし、the Antarctic Continent のように言うときは、Continent という普通名詞に対して冠詞が必要となる。Antarctica は「南極大陸」の意味で、the Antarctic は「南極圏」である (the Arctic は「北極圏」)。

〈国の名前〉

　一般的には国名は無冠詞である。それは、国名は人名と同じく、だれの目にも明らかな対象だからである。例: Japan, China, North Korea など。

　しかし、普通名詞に由来するものは定冠詞をつける。例: the United States of America, the United Kingdom (of Great Britain and Northern Ireland) など。旧ソビエト連邦は the Union of Soviet Socialist Republics (USSR) と言った。ソビエト連邦解体後の体制である「独立国家共同体」は the Commonwealth of

Independent States (CIS) と言う。アラブ首長国連邦は the United Arab Emirates (UAE) と言う。これはアラビア半島東部の7つの首長国から成る連邦である。

the United Kingdom, the United States, the U.K., the U.S. などと略しても定冠詞は常に必要である。しかし、U.S. ambassador のように形容詞的に使われるときは冠詞は不要になる。

オランダは the Netherlands または Holland である。正式には the Kingdom of The Netherlands という。Netherlands とは low countries という意味である（オランダ語では Koninkrijk der Nederlanden と言う。ちなみに、Holland という名前のほうは古代高地ドイツ語の Holt-land「林の国」に由来する）。

スーダンは 'land of the blacks' を意味するアラビア語に由来するところから、the Sudan と定冠詞をつけていたが、最近はつけないことが多くなった。2011年に the Republic of South Sudan, 通称 South Sudan が分離した。South Sudan も the をつけることは少ない。

コンゴ（コンゴ共和国 the Republic of the Congo と、コンゴ民主共和国 the Democratic Republic of the Congo がある）は、Congo という名前が「山」を意味するバンツー語方言に由来するため、しばしば the Congo と言う。しかしこれも、the をつける例は少なくなってきている。

中央アフリカ共和国 the Central African Republic は英語の普通名詞でできているから、定冠詞がつく。

イエメンはアラビア語で al-Yaman と言う名前に由来するので（al は定冠詞）以前は the Yemen と言ったが、最近はつけないことが多い。North Yemen, South Yemen なども同様である。

ウクライナ共和国の Ukraine は「国境（辺境）地帯」を意味するロシア語に由来するので、以前は the Ukraine と言ったが、最近はたんに Ukraine と言うことも多い。the Balkans は「バルカン諸国」の意味である。

誤解されやすい Great Britain

Great Britain の Great は「大英帝国」の「大」ではない。フランス北西部の Brittany (Britannia Minor = Little Britain) に対して「大ブリテン島」の意味でつけられた名前である。イギリスの帝国主義の名残と思うのは考えすぎである。イギリスの村の名前には Great Malvern と Little Malvern, Great Snoring と Little Snoring のように、同一の名前に「大」と「小」を表わす言葉を冠して区別したものがよくあるそうである。政治的区域の呼称としては、Great Britain は大ブリテン島にある England, Scotland, Wales の3つの区域を指し、これに北アイルランドを加えた the United Kingdom of Great Britain and Northern Ireland が「イギリス」の正式国名で、the United Kingdom「連合王国」と略称する。

しかし英国人自身も Great を「偉大な」という意味に考える人もいるのかもしれない。サッチャー首相が76歳で引退するとき、次のような記事が載った。

The mass circulation tabloid The Sun, a traditional ally of the 76-year-old arch-Tory, said hers was the "voice that shook the world. Quite simply, she put the Great back into Great Britain."(Reuters)

サッチャー首相は Great Britain の Great を復活した！

〈地域の名前〉

政治・行政上の地域の名前は、その境界が取り決めによって明確に決まっているものであるから冠詞を必要としない。例: **Bavaria**(ドイツのバイエルン州), **California**(アメリカの州), **Kent**(イギリスの州) など。

これに対して、地理的な地域の名前は境界が漠然としているものが多いので、境界を認識するために定冠詞をつける。**the Caucasus** は「コーカサス山脈」の意味のほかに、「コーカサス地方」という意

味でも使われる。同様に the Crimea (クリミア地方), the Sinai (シナイ地方), the Midlands (イングランド中部地方), the South of England (イングランド南部) など。the Middle East (中東), the Midwest (アメリカ中西部) のように東西南北の方角を表わす語で終わる地域名にも冠詞がつく。

district は the Lake District (イングランド北部の湖水地方) のように冠詞をとる。「東北地方」は the Tohoku district (*or* area) となる (district は行政上の区域またはある特徴をもった地域を表わし、area は一般的に特定の地域を指す)。アメリカの首都ワシントン Washington, D.C. の D.C. は the District of Columbia の略である。これは「コロンビア特別区」で、行政上の区域である。

〈都市・村の名前〉

都市の名前は London, New York City のように無冠詞だが、例外は前記のオランダの The Hague である。

都市の中の場所の名前で冠詞がつくものがある。ニューヨークの行政区のひとつ the Bronx は、1641 年にこの土地を買い取ったスカンジナビア人 Jonas Bronck の名前に由来する。ロンドン中心部・金融街の the City (or the City of London) は一般のロンドン市と区別された地域として定冠詞がつく。ただし、City stockbrokers (シティの株式仲買人) のように形容詞的に使われた場合は冠詞はつかない。ロンドンの繁華街の the West End も定冠詞がつく。これも a West End show のように形容詞的に使われる場合は別である。

村の名前も、Grasmere, Stoke Poges のように冠詞がつかない。

〈道路・通り・広場の名前〉

道路・通りなどの名前は原則として無冠詞である。例: Baker Street, Fulham Road, Piccadilly (通りの名前), Piccadilly Circus, Leicester Square (広場の名前) など。例外は、いろいろな都市にある the High Street (「本町通り」とでもいう名前に当たる?), ロ

ンドンの The Mall と the Strand である。バッキンガム宮殿に通じる大通りの The Mall (/mǽl/) は pall-mall (ペルメル球技) に由来する普通名詞が起源である。Pall Mall (The Mall と平行する通りで、高級クラブが立ち並ぶところ) のほうは一般的な通りの名前のルールにしたがって無冠詞である。BBC 放送局の建物、Bush House のある the Strand は「岸・浜」の意味の普通名詞の strand に由来するものと思われる。

例外的に (the) Edgware Road のように定冠詞をつけることのある道路名もある。これは「Edgware へ通じる道」という意味の普通名詞から固有名詞への移行がまだ完全には終わっていないケースであろう。同様の起源の Oxford Street の場合は、よく使われる結果、固有名詞になりきってしまって、常に無冠詞である。

〈橋・トンネルの名前〉

橋の名前は the がつくものとつかないものがある。London Bridge, Waterloo Bridge などは無冠詞だが、多くの橋には定冠詞がつく。the Firth Road Bridge, the Severn Bridge (イギリス), the Brooklyn Bridge, the George Washington Bridge (アメリカ) などがそうである。英米以外の国の橋は、the Howrah Bridge (インド), the Sandö Bridge (スウェーデン), the Europabrücke (オーストリア) など、定冠詞がつくものが多い。ハンガリーの首都ブダペストの Buda 地区と Pest 地区を結ぶ橋は the Margit Híd (Margaret Bridge) と言う。日中戦争の発端となった、中国・北京の南郊にある盧溝橋は the Marco Polo Bridge と呼ばれる (これは、マルコ・ポーロが『東方見聞録』の中でその美しさをほめたたえたことに由来すると言う)。

このように見てくると、橋の名前に冠詞がつくかつかないかを見極める手がかりは何もないように見える。しかし、英米人がその橋をそう呼ぶときの心理を考えると、そこには何らかの原理が働いているはずである。都市名のようにたんなる名前として意識されるものには冠詞をつけないが、何らかの意味で「あの○○の橋」と言っ

て、その名前の由来に注目するときには定冠詞をつけるように思われる。

その考え方にしたがえば、たとえば京都の四条大橋は、ロンドンの Waterloo Bridge にならって Shijo Ohashi Bridge でよさそうである。一方、瀬戸大橋などは、「あの瀬戸内海にかかる大きな橋」という意味で、the Severn Bridge などに準じて the Seto Ohashi Bridge とするのがよいように思われる。

サンフランシスコの the Golden Gate Bridge やロンドンの the Tower Bridge などは全部普通名詞から成っている名前であるから、冠詞を省略することは考えにくい。それでも、ロンドンのイギリス人は少なくとも日常会話ではたんに Tower Bridge と言うようである。

トンネルの名前は定冠詞がつく。例: the Lincoln Tunnel, the Seikan Tunnel, the Channel Tunnel (the Eurotunnel) など。

〈砂漠・平野・草原の名前〉

砂漠は漠然とした広がりを持つものであるから、定冠詞がつく。例: the Sahara, the Gobi Desert, the Mojave Desert など。

平野 (plain) や草原 (pampa, prairie, savanna, steppe) も砂漠と同様、境界を定めにくい広大な地域であるから、定冠詞を必要とする。砂漠のように名前のついた有名なものは少ないが、たとえば「関東平野」は the Kanto Plain と言わねばならない。the Steppes と言えばヨーロッパ南東部からアジア南西部に至る大草原を指す。the Pampas (the Pampa とも言う。スペイン語では La Pampa) はアルゼンチン中央部の大草原のことである。

アメリカのカリフォルニア州とネバダ州にまたがる乾燥盆地の Death Valley は、普通名詞だけで構成されているにもかかわらず、無冠詞である。

イスラエルとシリアの間で紛争のもとになっているゴラン高原は the Golan (Heights) と言う。

Israel and Syria are negotiating a time frame for a full Israeli withdrawal from *the disputed Golan Heights*, an Israeli television station reported Friday. (cf. Israeli-Syrian peace talks have stalled over *the Golan*, a strategic plateau Israel seized from Syria in the 1967 Middle East war.)

〈森林公園・都市の公園の名前〉

比較的小さくまとまった区域の林などは無冠詞である。Epping Forest (ロンドン郊外にある、もと王室が狩猟用に使っていた森林公園), Sherwood Forest (ロビン・フッドが隠れていたとされる森), Hampstead Heath (ロンドン北部の丘陵地), Highgate Wood (ロンドン北部の住宅地にある林) などがそうである。

都市内の公園は、ロンドンの Hyde Park, St. James's Park のようにふつう無冠詞である。Regent's Park は 19 世紀はじめに当時の摂政 (Regent) のために作られた公園である。当初は普通名詞として the Regent's Park と呼んでいたものと思われるが、次第に固有名詞化して、現在は無冠詞である。Green Park も、Green は名前ではないから、もともと普通名詞に由来するはずであるが、固有名詞化して、無冠詞になっている。Kensington Gardens も無冠詞で公園の名前である。

〈動物園・植物園の名前〉

動物園・植物園の名前はふつう定冠詞がつく。動物園では the San Diego Zoo, the Philadelphia Zoo, the National Zoological Park (in Washington, D.C.), the Vincennes Zoo (in Paris) などの呼び方が一般的である。ロンドンの Regent's Park にある動物園は、イギリスの話をしているときには the London Zoo, ロンドンの中では the Zoo で通じ、Regent's Park の話題の中では the Zoological Gardens と呼ばれる。ニューヨークのブロンクスの動物園は the Bronx Zoo, ややあらたまった言い方では the Zoological Park in the Bronx と言う。New York City's Bronx Zoo のような言い

方をするときは、New York City's という所有格の名詞が前にあるため、定冠詞はつかない。

　植物園は the Missouri Botanical Garden, the Montreal Botanical Garden などの形が標準である。パリの Jardin des Plantes も、英語の文の中では定冠詞をつけて the Jardin des Plantes となる。the Zoological Gardens などのように、複数形の名前もよく見られる。これはその中にいろいろな区画の庭があるという意味であろう。

〈山の名前〉

　山はふつう一目で全体の姿を認識できるから、定冠詞は不要である。例：Mount Everest（たんに Everest とも言う）, Mount Cook, Mont Blanc, Mt. Fuji など（注：Everest という呼び名はイギリスの測地学者 Sir George Everest の名を記念してつけられたものであるが、現地のチベット語では "Goddess Mother of the World" を意味する Chomolungma と呼ばれる）。the Matterhorn に定冠詞がついているのは、原語であるドイツ語の冠詞の用法を受け継いだものである。

　山脈の名前はふつう定冠詞がついた複数形になる。the Himalayas, the Alps, the Andes などがそうである。ロッキー山脈の場合には the Rocky Mountains とも the Rockies とも言う。イングランド南部のペニン山脈は the Pennine Chain または the Pennines と言う。

　定冠詞つきの単数形の山脈名もある。コーカサス山脈は the Caucasus とも the Caucasus Mountains とも言う。前者は、スキタイ語で「氷の輝く山」という意味の名前の普通名詞であった、この地域を表わす名前が山脈の名前にも使われるようになったと考えられる。the Sierra Nevada はスペイン語の「雪に覆われた山脈」に由来するので、そういう名前として認識するために定冠詞がついている。the Sierra Madre（母なる山脈）, the Sierra Morena（褐色の山脈）なども同様である。スペイン語では Sierra Nevada は無冠詞

であるが、英語ではそういう山脈として認識するために定冠詞を必要とする。(cf. p. 104)

〈海・海峡・湾の名前〉

海は広大なひろがりを持つものであるから、区域を定めて認識するために定冠詞を必要とする。例: the Pacific (Ocean), the Black Sea など。the Pacific, the Atlantic などの有名な海は後の Ocean を省略することもできる。the Mediterranean Sea (地中海) も Sea を省略することが可能である。the Sea of Japan では Japan が形容詞でないため、後ろに置かれている。海峡名にも、the English Channel (英仏海峡), the Straits of Dover (ドーバー海峡), the Strait of Hormuz (ホルムズ海峡) のように定冠詞をつける。Channel にくらべて狭い海峡を Strait と言うが、これは Strait / Straits の両形がある。

Gulf は the Gulf of Mexico のように定冠詞がつくが、同じ湾でも bay は Hudson Bay のように無冠詞である。

〈湖の名前〉

湖は一般的に対岸が見渡せるから、冠詞によって境界を認識する必要がなく、無冠詞である。例: Lake Superior, Lake Victoria など。スイスの Lake Geneva (フランス語名 Lac Léman) は the Lake of Geneva と書くこともある。the Great Salt Lake は普通名詞から成り立っているため、定冠詞がついている。カスピ海 the Caspian Sea, 死海 the Dead Sea は、実体は湖であるが、広いために sea と呼ばれる。これは対岸が見えないであろうから、定冠詞が必要である。

イングランドの湖水地方のアルズウォーター湖は通例 Lake をつけないでたんに Ullswater と言う。スコットランドでは湖を Loch と言い、やはり無冠詞である。例: Loch Lomond, Loch Ness など。

〈川・運河・滝の名前〉

川の名前は定冠詞がつく。人工の川である運河も同様である。例: the Danube, the Nile, the Suez Canal, the St. Lawrence Seaway など。

the (River) Thames/Rhine/Seine のように River を前に置くこともできる。いわゆる「新世界」の川の場合は、the Hudson River, the Potomac River, the Mississippi River のように River は後置される。River を前に置いて、川の「タイトル」のように書くのは、やはりある程度有名な川に限られるように思われる。

滝は一目で全体を見渡せるから、原則として無冠詞でいいはずである。日光の華厳の滝は Kegon Fall である。

Yosemite National Park には the Nevada Fall, the Vernal Fall など、定冠詞をつける滝がある。それは、その国立公園の中にあるいくつかの滝のうち、どの滝かを示す意味だと思われる。

いくつもの滝から成る大きな滝は複数形である。例: Niagara Falls, Victoria Falls など。しかし、滝はいくつかに分かれて落下するものが多いから、小さな滝でも falls と複数形で呼ぶこともある。

ナイアガラの滝について次の文がある。Between the American Falls and Goat Island are a small island, called Luna Island, and *a small falls*, named Luna, or Bridal Veil, Falls.

「滝」の意味の falls はいつも単数扱いである。例: *Niagara Falls* owes its reputation to great width, great volume, and beautiful clear waters など。

〈島の名前〉

島の名前には Island がつくものとつかないものがある。前者の例は Long Island などであり、後者の例は Malta, Grand Cayman, the Philippines などである (Malta, the Philippines は国の名前でもある)。

島の名前は原則として無冠詞であるが、the Isle of Wight のよう

に Island / Isle の後に of-phrase がつく形では Island / Isle に定冠詞がつく。

群島の名前は「the + 複数形」になる。the Falkland Islands, the West Indies, the Philippines などがそうである。the Channel Islands のように「普通名詞 + 普通名詞」が固有名詞になったものもある。

〈半島・地峡の名前〉

半島の名前には定冠詞がつく。半島は一目で全体を見渡すことができないから、定冠詞をつけて範囲を限定する必要がある。例: the Iberian Peninsula, the Malay Peninsula, the Crimean Peninsula など。クリミア半島はクリミアという地域の名前と一致しているので、the Crimea と言っても同じである。一般的に、地名にともなう普通名詞は大文字で書く (cf. Long Island, Lake Huron) が、半島はときどき小文字で the Crimean peninsula のように書かれることもある。半島は一人前の固有名詞としての認識が確立していないのであろうか。たんに the Peninsula と言うと、イベリア半島 (the Iberian Peninsula) の意味になる (日本語で、たんに「半島」と言えば、前後関係によっては朝鮮半島を指すことがあるように、英語圏で the Peninsula と言えば、まず頭に浮かぶのがイベリア半島であるらしい)。

地峡も定冠詞をつける。the Perekop Isthmus など。たんに the Isthmus と言えば、スエズ地峡またはパナマ地峡 (the Isthmus of Suez / Panama) の意味になる。

建築物など
〈駅・空港の名前〉

これらは無冠詞である。例: Waterloo (Station), Heathrow (Airport), Aéroport Charles de Gaulle (パリ), O'Hare International Airport (シカゴ), Tokyo International Airport (= Narita Airport), Kansai International Airport など。ニューヨークのケ

ネディ空港は、以前は The John F. Kennedy International Airport と定冠詞をつけていたが、最近は無冠詞で John F. Kennedy International Airport という書き方を多く見かける。

〈ホテル・レストラン・パブなどの名前〉

ホテルの名前は普通定冠詞がつく。例: the Ritz, the Savoy, the Waldorf-Astoria, the Cadogan Hotel, the Taj Mahal Hotel など。しかし、Hotel Victoria, Hotel President など、Hotel 〜 の形のものは冠詞がつかない。

レストランやパブなどの名前も原則として定冠詞がつく。例: The Holborn, The Grange (レストラン), The Green Man (パブ) など。フランス料理、イタリア料理などの店は、フランス語やイタリア語の冠詞つきで、L'Etoile, Le Coq au Vin, Il Bambino などというものもある。レストランで名前が人名の所有格になっているものは冠詞がつかない。例: Gennaro's, Lacy's など。

〈劇場・映画館・オペラハウスの名前〉

定冠詞がつく。例: the Royal Shakespeare Theatre, the Aldwych Theatre, the Old Vic, the London Palladium, the Gate (ロンドンの映画館), the Royal Opera House (Covent Garden と言うときは無冠詞), the Coliseum, the Opéra (パリのオペラ座), the Volksoper など。

人名を冠したものは無冠詞である。例: Sadler's Wells Theatre, Carnegie Hall, Queen Elizabeth Hall など。The Purcell Room (ロンドンの、Queen Elizabeth Hall 隣接の室内楽演奏ホール) は、大作曲家ヘンリー・パーセルを記念して命名されたものと思われるが、設立者や出資者の名前ではないため、冠詞がついているのであろう。

〈博物館・美術館などの名前〉

これらも定冠詞がつく。例: the British Museum, the National

Gallery, the Victoria and Albert Museum, the Tate Gallery, the (New York) Metropolitan Museum of Art, the Louvre, the Smithsonian Institution など。

〈教会・大寺院・僧院などの名前〉

　原則として無冠詞である。例：Salisbury Cathedral, Westminster Abbey, York Minster など。しかし、宗教団体に由来する教会などの名前は定冠詞がつく。例：the Dominican Abbey, the United Reformed Church など。

　日本の神社仏閣を英語で言うときも、これに準じて考えればよい。清水寺は Kiyomizu Temple, 八坂神社は Yasaka Shrine でよい。学問的な記述では Kiyomizudera のように日本語をそのまま書くこともある。

　外国の有名な寺院などは定冠詞がつく。例：the Vatican (バチカン宮殿), the Sistine Chapel (バチカン宮殿にあるシスティナ礼拝堂), the Taj Mahal (インドのタージマハル霊廟), the Alhambra (スペインのアルハンブラ宮殿) など。Alhambra はアラビア語で the red castle の意味で、al- が定冠詞であるから、the Alhambra と言うと定冠詞が二重になっていることになる。しかし、英米人にとって al- が冠詞という意識はないから、やはりその前に the をつけることになる。

〈学校・大学の名前〉

　これらは原則として無冠詞である。例：Rugby School, Eton College, Oxford University, Harvard University, Yale University, California State University, Kobe College (神戸女学院大学) など。

　University of 〜 という形の大学は the がつく。例：the University of Pennsylvania, the University of British Columbia, the University of Paris (= the Sorbonne) など。しかし、省略形は無冠詞である。例：UCLA (the University of California at Los

Angeles) など。

　Institute of ~ という名前も the をつけるものが多い。例: the Massachusetts Institute of Technology (= MIT), the California Institute of Technology (= Caltech) など。

　University of ~ と ~ University の両方の形を持つ大学も多い。例: London University / the University of London, Tokyo University / the University of Tokyo など。これらの場合、the University of ~ のほうが正式の呼称である。

　ただし、日本大学 Nihon University を the University of Nihon と書くことはありえない。それは、ローマ字の Nihon は単なる名前であって、場所を表わす英語ではないからである。the University of Japan ならば、英語としてはありうる名前である (マーク・ピーターセン『日本人の英語』による)。

組織の名前
〈政府・議会の名前〉

　一般的にこれらは定冠詞がつく。例: the House of Commons, the House of Lords, the Upper House, the Foreign Ministry など。

　一国の議会を総称する名前は無冠詞である (例: Parliament, Congress) が、英米以外の国の議会は the Diet (日本の国会) のように定冠詞をつける。

　政府などを比喩的に指す地名も無冠詞である。例: Whitehall (イギリス政府), Downing Street (イギリス首相官邸), White House / Washington (アメリカ政府)。しかし、ここでも英米以外の名前は冠詞がつく。例: the Blue House (韓国大統領官邸・青瓦台), the Kremlin (ロシア政府) (cf. p. 105)

〈政党・その他組織の名前〉

　よく知られた組織の名前は定冠詞をとるのが普通である。省略形でも冠詞はつけられる。例: the United Nations (the UN), the

BBC, the International Labor Organization (the ILO / I.L.O.), the European Union (the EU) など。

　しかし、省略名が単語として発音されるとき (acronym: 頭字語) は無冠詞となる。たとえば、the Association of Southeast Asian Nations は普通 ASEAN と略され、これは /[英] ǽsiæn, ǽziən [米] ɑ́ːsiɑ̀ːn/ などと発音されるので、ASEAN は無冠詞である。NATO /néɪtoʊ/ (the North Atlantic Treaty Organization), OPEC /óʊpèk/ (the Organization of Petroleum Exporting Countries) もそうである。

　the World Health Organization の略語の WHO は、普通 /dʌ́blju:èɪtʃóu/ と発音されるため、略語も the WHO と冠詞がつくが、ときには無冠詞で WHO と書く例も見かける。この場合、省略名の固有名詞化が起こっていると考えられる。

〈会社名〉

　会社名やチェーン店の名前などは無冠詞である。例: Swissair, Japan Air Lines, Citroen, Marks & Spencer, Sainsbury など。この場合には省略形が単語として発音されず、アルファベット読みでも冠詞はつかない。例: IBM /áɪbìːém/。

　しかし、'company' のような語を含むときは冠詞がつく。例: the Coca-Cola Co., the Bell Telephone Company, the Hanshin Department Store など。General Electric は無冠詞だが、the General Electric Company というと冠詞がつく。これにも例外があり、「JR 東日本」は East Japan Railway Company / JR East と、どちらの場合も冠詞がつかない。

その他
〈新聞・雑誌・定期刊行物の名前〉

　新聞の名前はふつう定冠詞がつく。例: *The Times, The Financial Times, The New York Times, The Guardian, The Observer, The Washington Post, The Baltimore Sun, The Daily Mail, The*

Daily Telegraph, The Independent, The Sun, The Christian Science Monitor, The Wall Street Journal, The Japan Times, The Japan News など。新聞の名前では The はふつう大文字で書かれる。しかし、*Los Angeles Times, USA Today* のように無冠詞のものもある。

英米以外の新聞の名前は the はつけず、その言語の冠詞の用法にそのままにしたがい、その言語の冠詞があればつけておく。*Pravda, Le Monde, Der Spiegel, Il Tempo* など。

雑誌や定期刊行物の名前は定冠詞をつけるものとつけないものがある。

> 無冠詞のもの: *Time, Newsweek, Fortune, Life, Nature, Language* など。
> 定冠詞をつけるもの: *the Economist, the Spectator, the London Review of Books* など。

これら新聞・雑誌類の名前について考えると、名前が決まってしまえばそれが通用するというのは固有名詞の特権のようなものである。ただ、その名前をつけたときの心理としては、一般の冠詞の用法にしたがうという意識が働いていると思われる。*Time* や *Life* は抽象名詞だから無冠詞だし、*The Guardian, The Economist* などは、guardian や economist という普通名詞は冠詞を必要とするという原理にしたがっている。ただし、*New Scientist* というような例外もある。これは「それを名前として主張すれば周囲はそれを認めるほかない」という固有名詞の治外法権であろう。*The Times* と複数になると、複数形の固有名詞には定冠詞をつけるという原則が作用している。

〈祝祭・記念日の名前〉

祝祭・記念日の名前は無冠詞である。例: Christmas, Christmas Day, Easter, New Year's Day, Veterans' Day, Remembrance Sunday, Guy Fawkes Day など ('Christmas' は「キリスト降誕

祭」の意味で、「12月25日」という日を指すのは Christmas Day である。on Christmas Day と言うが、on Christmas とは言わない)。復活祭が Easter で、復活祭当日は Easter Sunday である。元日は New Year's Day で、「新年」は the New Year である。例: We'll have to wait until *the New Year* before we can make any definite plans. (*CALD*⁴) 無冠詞で New Year と言うと新年の最初の数日を指す。例: I'm spending *New Year* (= the first days of the new year) in Scotland with my parents. (*CALD*⁴) アメリカの独立記念日を Independence Day と言うときは無冠詞だが、the Fourth of July という言い方をする場合は序数のルールにしたがって定冠詞がつく。イスラム教の Ramadan も無冠詞である。

〈競技大会の名前〉

オリンピックなどの競技大会の名前は定冠詞がつく。例: The Olympic Games, the Olympics, the World Cup, the Cup Final, the World Series など。

競技が行われる場所の名前が競技大会の名前になっている場合には冠詞はつかない。例: Wimbledon (テニス), Royal Ascot (競馬), Henley (= Henley Regatta) (ボートレース) など。Epsom で行われる競馬の the Oaks は定冠詞がつく。

〈船舶・列車・航空機・宇宙船の名前〉

船の名前は定冠詞がつく。例: the Queen Elizabeth, the Titanic など。'Queen Elizabeth' はエリザベス女王その人であり、the がついたほうは船の名前である。the は、それが船の名前であることを示すマークとなっている (ただし、船の乗組員自身は自分の船の名前を名乗るとき冠詞をつけない。それは、その人にとって自分の船はまさに自明の存在であるため、限定して指し示す必要がないからである)。飛行機の名前では、the Spirit of St. Louis (リンドバーグが大西洋を無着陸で横断した飛行機) は普通の定冠詞の用法にしたがった語形である。the (B-29) Enola Gay (日本に原爆を投下し

た爆撃機) では船の名前と同じように、the はそれが飛行機の名前である印となっている。列車の名前では the Oriental Express, the Metroliner, the bullet train (the Shinkansen) などがあるが、これらは the Spirit of St. Louis と同様、定冠詞の普通の用法によるものと感じられる。

　宇宙船やスペースシャトルの名前は、Sputnik, Vostok, Apollo, Skylab, Columbia などでは固有名詞として「名前」の扱いであり、the Challenger では普通名詞としての用法にしたがって定冠詞がついている。

第4章　総称表現のいろいろ

　名詞は個々の対象を指すときと、その種類全体を指すときがある。A dog came running toward me. と言えばある1匹の犬を指し、A dog is a vigilant animal. と言えば犬という動物について示している。前者を個別表現と言い、後者を総称表現と言うことにする。

　いわゆる「種族全体を表わす言い方」として、ふつう次の3通りの表現があげられる。

　(1) *A dog* is a vigilant animal.
　(2) *The dog* is a vigilant animal.
　(3) *Dogs* are vigilant animals.

この3つの言い方はどれも可能であり、意味はほぼ同じであると言われる。しかし、それぞれニュアンスが異なるのであるから、その使い分けができなければならない。また、第4の形

　(4) *The terriers* have strong legs and nails for digging.

という言い方もあり、やはり総称の意味である。これは国民性を表わす表現（例: The Japanese are an industrious people.）などで広く使われる形である。これらの4つの形の意味の由来とそれぞれの間の相違を検討したい。

1.　A dog is ... の型（不定冠詞による総称表現）

　上にあげた4つの形のうち、

　A dog is a vigilant animal.

は、ある任意の犬について言えることはほかの犬についても言える、

したがって犬全般の習性を表わす表現になるという形である。ここでは個別表現が総称表現に拡大されたと考えられる。P. Christophersen: *The Articles* は次の例をあげて説明している。

(a) I bought *a paper* this morning but left it in the train after I had read it.
(b) I saw Mr Jones in the train this morning. He was reading *a paper*, so he did not see me.
(c) If you buy *a paper* tomorrow, will you bring it home for me to read?
(d) Do you buy *a paper* every morning?
(e) All Englishmen buy *a paper* every morning.
(f) Everybody ought to buy *a paper* in the morning.
(g) *A paper* in the morning is not a luxury.

この (a) から (g) を見ると、「ある朝買った特定の新聞」の意味から、一般的に「新聞というもの」の意味に至るまで、「個別」から「総称」へ少しずつ意味が推移している。不定冠詞による「総称」の意味が、いかにして生じるかがよく理解できる。

この形は、ある種類のうちのひとつの例をとりあげて、その個体について言えることはほかの個体についても同様に当てはまる、という発想の総称表現である。したがって、動物の種類について言う場合、

An adult porpoise is six feet long. (Berry: *Articles*)

のように個体についての記述にもとづく表現はできるが、

A dodo is extinct now. (誤り)
Asia is the home of *a tiger*. (誤り)

のように種類全体についての記述にもとづく表現はできない。これらは

The dodo is extinct now.
Asia is the home of *the tiger*.

と定冠詞を使った総称表現か、または

Dodos are extinct now.
Asia is the home of *tigers*.

のように複数形による総称表現で言わねばならない。

この形は単語の意味の説明や定義の文でよく使われる。

A sphinx is a fabled monster.（スフィンクスは伝説上の怪物です）
A minuet is a triple-time French country dance.（メヌエットは3拍子のフランスの田舎のダンスです）

2. The dog is ... の型（定冠詞による総称表現）
(a) *The dog* is a vigilant animal.

(a)のThe dog は犬という種類全体を指す。つまり、「各種の動物のうち、犬という種類」を表わす。世間に犬は何匹もいる。しかし、dog という動物の種類は1種類しかない。

種類はいくらでも細分化できる。

(b) *The terrier* is a small active dog of a type originally used for hunting.
(c) *The Kerry Blue Terrier* is a good retriever and herder.

(b)では犬という動物のうちに1種類しかない、テリアという種類を特定している。(c)ではテリアという犬のうちに1種類しかない、ケリーブルーテリアという種類を特定している。いずれの場合も、1つしかないものを指すのに定冠詞を使うのは、個々の犬を指すのと同じ働きである。

ことわざの、*The early bird* catches *the worm*.（早起きをする鳥はえさの虫にありつく：早起きは三文の得）における The early bird, the worm も種類一般を指している。

定冠詞による総称表現がよく使われる分野

定冠詞 + 単数名詞は動物の種類のほかにも、「あるグループ・状況のなかで他の類似のものと区別されるもの」の名前によく用いられる。不定冠詞による総称表現が「ある個体を代表として話題にする」のに対して、定冠詞によるこの形は定冠詞の限定的な働きに由来するため、「〜というもの」という言い方で、抽象的な概念の意味になる。

The beggar is the only free man in the universe. (C. Lamb)

ここでの the beggar は特定の乞食を指すのではなく、「乞食という存在」を総称的に言っている。

このような意味の特徴から、定冠詞による総称表現がよく使われるのは次のような分野の語である。

〈抽象的な存在〉

The object is placed after *the verb*.
Rhythm in music originates in *the primitive dance.*
The Internet is a network of many connected computers which people use to communicate with each other.

〈対立する存在〉

The computer gives *the student* the opportunity to benefit from material carefully designed or selected by *the teacher*.

ここで the student, the teacher は、学校という教育の場の中で「教えられる側」「教える側」と区別されたそれぞれの成員を指している。

In individual bargaining *the worker* may find that he has

to accept far less than he believes his services are worth. When collective bargaining prevails, no individual employee can bargain with *the employer* about his wages.

3. Dogs are ... の型（無冠詞・複数形の総称表現）
Dogs are vigilant animals.

　不特定の複数の犬を指す表現であるから、やはり種類全体を表わす総称の意味になる。

　無冠詞の複数名詞の意味は、無冠詞の不可算名詞の意味に似ている。どちらも、その指す対象の数量は「全体の一部分」の場合も「全体」の場合もある。

　(a) *Water* boils at 100° Centigrade.
　(b) There was still *water* left in the bottle.

　(a) の water は物質の名前として「水」の全体を指している。(b) の water は地球上の水の一部分である。

　(a) *Girls* like chocolate.
　(b) Things have changed since we were *girls*.

　(a) の girls は世間の少女全体を一般的に指している。(b) の girls は少女のうちの一部分を指している。

　このように、無冠詞の複数名詞も無冠詞の不可算名詞も、その指す対象の範囲は本来定まっていない。前後関係によってその種類全体を表わすときに、総称的な意味になるだけである。

　無冠詞・複数形による総称表現は、不定冠詞による形や定冠詞による形のような意味の制約がないため、もっとも広く使われる。

　(a) Elephants like *peanuts*.

　「象はピーナッツが好きだ」というこの文の主語の elephants も

目的語の peanuts も総称の意味である。これを次のように言うことはできない。

(b) Elephants like *a peanut*.
(c) Elephants like *the peanut*.

(b) は強いて解釈すれば「象は1粒のピーナッツが好きだ」または「象はある品種のピーナッツが好きだ」という意味になり、あまり一般的ではない。(c) は「象はそのピーナッツが好きだ」という意味で、総称の意味にはならない。

(a) のような無冠詞・複数形による総称表現は、そのような限定的な意味が生じない、もっとも一般的な形である。それは、冠詞の意味に依存しないで、たんに名詞の表わすものの広い範囲を表わすからであろう。

4. The terriers are ... の型（定冠詞 ＋ 複数名詞による総称表現）

一般的に言って「the ＋ 複数名詞」の形は、ふつうは総称ではなく、個々のものを表わすことが多い。

The dogs were chasing *the cats*.

この the dogs, the cats は特定の数匹の犬・猫を指す。しかし、この形も次のように、場合によっては総称の意味になる。

The terriers have strong legs and nails for digging.

(a) *Owls* cannot see well in the daytime.
(b) *The owls* have large eyes and soft plumage.

(a) も (b) も、ともに総称表現である。(a) は一般的な総称の形であるのに対して、(b) は科学的な記述の文体である。定冠詞のない複数形はその指す対象が漠然としているが、定冠詞のついた形は

「その種類」を「他の種類」と区別して、限定している。

ある理科辞典で、各巻の表題が The Insects, The Fishes, The Birds, The Plants などとなっているものがあるという。これは動植物の世界を下位区分して、他の種類と対照する働きとも考えられる。しかし、たんに例えば The Insects と言えば「あの昆虫類のことか」と読者に分かる、という意味でこの語法が使われたとも考えられる。

子供に教える性の知識を意味する婉曲用語の the birds and the bees（例: He knows all about *the birds and the bees.*）もそうである。ここで the birds や the bees は特定の鳥や蜜蜂を指すのではなく、一般的に鳥や蜜蜂全体を指している。

この形による総称表現がもっともよく用いられるのは、次に述べる、国民性を言うときの表現である。

5. the Japanese are ...（国民性の表現）

The owls が「ほかの鳥と違う、ふくろうという特定種類」を指すのと同様に、The Japanese は「ほかの人種と違う、日本人という特定の人種」を指す。「他のものと区別して、そのものを指し示す」という定冠詞の働きが「種類そのものの名前」を表わしている。

(a) *The Chinese* are a very industrious and thrifty people.
(b) *The Malays* are pleasant, kind, smiling people.

国民性を評する言い方は上のように「The ＋ 複数名詞 ＋ are a（形容詞）people」という構文がふつうである。述語が a 〜 people という形になっていると、国民全体の傾向をひとつのタイプとして位置づける書き方になる。時には (b) のように述部に 'a' がついていない言い方もある。そのときにはそれは全体としてまとまった国民性というより「個々の人に見られる傾向」という書き方であるが、やはり主語の部分の「The ＋ 複数名詞」が国民性を述べる言い方になっている。

ある国民全体を指すのに「the + 形容詞」の形もよく使われる。

> *The British* are great book readers.
> *The Dutch* are planning to do that by 1994.

この言い方は次のように複数の民族を比較・対照する場合によく使われる。

> Whereas *the Athenians* loved philosophical argument, *the Florentines* were chiefly interested in making money. (アテネ人が哲学的な議論を好んだのに対して、フロレンス人はもっぱらお金をもうけることに興味があった)
> *The Normans* did not, like *the Danes*, break up or confuse Anglo-Saxon by direct contact. (ノルマン人はデーン人のように直接の接触によってアングロ・サクソン語を分断したり混乱させたりはしなかった)

国民を集合的に指すこの形は二国間の戦争などの対立の場合にもよく使われる。

> *The Romans* defeated *the Carthaginians* in 202 BC. (*CGEL*)
> Except for a friendly southern border with Malaysia, Thailand is surrounded by enemies, new and old. Above all, *the Thais* fear *the Vietnamese*.

"I'm Japanese." と "I'm a Japanese."

「私は日本人です」は

(1) I'm Japanese.
(2) I'm a Japanese.

のどちらでも英語としては可能である。(1) は Japanese は形容詞、(2) では Japanese は名詞として使われている。しか

し、実際には (1) の言い方が普通で、(2) のように言うことは少ない。これは、名詞形を使う (2) は「ひとりの日本人」という存在を際立たせることになるので、国籍の意識がはっきりしすぎるからではなかろうか。"I'm Japanese." ならば、たんに人種の分類を問題にしているだけという表現なので、当たりが柔らかいように思う。同様に、「私はアメリカ人／イタリア人／中国人です」というのも形容詞形で "I'm American/Italian/Chinese." と言うのが普通である。

無冠詞の複数名詞との違い (the Japanese と Japanese)

国民の性質を言う表現の、「the + 複数名詞」の形と、無冠詞の複数名詞との意味の相違を考えてみよう。

(a) *The Japanese* are a polite people.
(b) *Japanese* bow deeply when they meet people they know.

(a) は日本人の国民性を述べる総称表現である。(b) も同じく総称表現であるが、国民を全体として品定めするのではなく、個々の日本人の習性を言っている。

このように、the のつかない「一般的な総称表現」と、the のついた「グループ全体を指す総称表現」との対比は国民を表わす表現に広く見られる。

(a) *The Hungarians* fought alone and were crushed by *the Russians*.
(b) *Hungarians* liberated Cardinal Mindszenty, who took refuge in the United States Legation.

(a) はハンガリー国民がロシア国民に撃破されたという意味で、これは国としてハンガリーがロシアに撃破されたというのに近い。(b) は複数のハンガリー人がミンドセンティ枢機卿を解放したという意味で、ハンガリー人が国民としてまとまって行動したという意味で

はない。

> (a) *The Indians* had lived in America for many centuries when the white men first came from Europe.
> (b) *Indians* believed in a supernatural force which pervaded all nature.

(a) の The Indians は総称的にアメリカ先住民を指している。(b) の Indians は個々の先住民たちが超自然的な力の存在を信じたという意味である。

この形が指す対象はその国民全員であるとは限らない。

> The Chinese of the seventh century knew porcelain.

において、実際に磁器製造の術を知っていたのは当時の中国人のごく一部の人であったはずである。しかし、総称表現としてこの文が言っていることは、「7世紀の中国人は磁器製造の知識を有する民族であった」ということである。

> Norwegians speak a Scandinavian language closely related to Danish and Swedish.

上の Norwegians は、「ノルウェー国民」を全体として規定するのではなく、個々のノルウェー人が一般的に話す言語はこういう言語だという言い方である。「the ＋ 複数名詞」は種類を全体としてとらえ、無冠詞の複数名詞は個々の成員について述べる言い方になる。

語尾が -sh, -ch, -ss などの形容詞に定冠詞がついて国民全体を表わす形がある。

> *The Swiss* sell manufactured goods to pay for goods they must buy abroad.
> Throughout the centuries *the French* have contributed to the world's art, science and philosophy.

The Irish are a talkative and witty people.

　これらの語の場合、もう一方の、個々人を指す言い方はまちまちである。the French に対しては Frenchmen, the Irish に対しては Irishmen などのパターンがある。the English に対して個々のイギリス人は Englishmen である。しかし、the Swiss に対しては the Swiss people などと言う。Englishmen は正確にはイングランドの住民の意味だから、イギリス人全体は the British と言わねばならない。それに対して個々のイギリス人は Britons である。

　スコットランドの人は Scotch と呼ばれるのを好まないので、全体を指す言葉は the Scots, 個人を指す言葉は Scotsmen である。

"We Japanese" が好きな「われわれ日本人」

　よく "We Japanese" と言ってはいけないと言われることがある。しかし、このような同格の表現自体に問題があるわけではない。アメリカ人も We Americans と言うし、イタリア人は We Italians と言う。日本人が自分の国民性を説明するのに We Japanese と言って悪いわけはない。問題は、日本人は Japanese または the Japanese がふさわしい場面でも、判で押したように "We Japanese" という言い方をする傾向があることにある。日本人は個人の考えを持たず、まわりの人の意向をうかがって、周囲の力に寄りかかってばかりいる、そういう印象を与えがちなのである。

　また、アジアの国々で日本人が "We Japanese" と言って尊大な態度を見せることも日本人の印象を悪くすることがあるという。これは語法の問題ではなく、文化の問題である。

　We in Japan という言い方もあり、こちらは Japanese という語を使わないぶん、やや当たりが柔らかくなる。

　また、「わが国」という発想で our country/nation と言うことも多い。もちろんそういう言い方がふさわしい場合もあるであろうが、他の国ではそういう場合 this country/nation と言

うことが多いようである。nation は国民を念頭に置いた「国」という言い方である。

6. 総称表現の誤用

a + 単数名詞／the + 単数名詞／無冠詞複数名詞の 3 つの総称表現の形があり、どれも意味はほぼ同じだと言われると、われわれは深く考えずにその 1 つの形を選びがちである。しかし、上に述べたような意味の違いがあるのであるから、よく考えて使い分けなければならない。

たとえば「私はりんごが好きだ」の英語として、

(a) I like apples.
(b) I like an apple.
(c) I like the apple.

上記 3 つのうち、総称表現として使えるのは (a) だけである。強いて解釈すれば、(b) I like an apple. は「私はある品種のりんごが好きだ」、(c) I like the apple. は「私はそのりんごが好きだ」という意味になるが、そのような言葉を言う場面は想定しにくい。

I would like an apple. ならば、「りんごが食べたい」という言い方になり、りんごを 1 つ食べたいという注文になる。

「私は犬が好きだ」は I like dogs. というほかはない。I like a dog. とは言えない。I like a dog with long fur. のように、犬の種類を言うのであれば可能である。

このような場合に日本人が総称表現として「不定冠詞 + 単数名詞」の形を使いがちなのは、和英辞書にのっている訳語に原則として不定冠詞がついているからであろう。初学者には、総称表現だけでなく、限定の意味で定冠詞が必要なところでも、和英辞書の形をそのまま使って、不定冠詞つきで書く人がよくある。注意が必要である。

7. 無冠詞の man

無冠詞の man が「人間全体」の意味で使われることがある。

This is one of the worst diseases known to *man*. (*LDOCE*[6])

無冠詞の可算名詞で総称の意味になりうるのは man だけである。それ以外の可算名詞は a または the をつけるか、複数形にしなければ総称表現として使うことはできない。

man だけがこのように無冠詞で使うことができるのは、われわれは人間の集団としての man の一員であり、その集団を内側から見ているからである。ほかの名詞の場合にはその指す対象物を外から眺めている。man の場合には自分自身がその一員なので、自明のものに限定をつける必要を感じないものと思われる。

一般的に「人」を指すのに a man を使うことがある。

What else can *a man* do at a time like that?

無冠詞の man が「人類」という大きなとらえ方であるのに対して、a man は具体的なひとりの人を考えた言い方である。

That's one small step for *a man*, but a giant leap for *mankind*.
(ひとりの人間にとって小さな一歩だが、人類にとって大きな飛躍だ)

これは 1969 年 7 月 20 日、史上はじめて人類が月面に降り立ったときに宇宙飛行士の Neil Armstrong が言った言葉として有名である。最初の a man は「ひとりの人間」という意味で、mankind は「人類」という広い意味で、その対比が効果的である。

ただ、この言葉については "That's one small step for *man*" であったとする記録もある。各種の新聞報道・引用辞典などには a man と書いてあるものと man と書いてあるものがある。

米宇宙航空局（NASA）が当初発表したのも man であったという。おそらく、宇宙からの音声がよく聞き取れなかったため、冠詞

を聞き洩らしたものと思われる。

Bloomsbury Dictionary of Quotations（1987）には

> That's one small step for man, one giant leap for mankind. (Said on stepping onto the moon. Often misquoted as, 'small step for a man ...' [which is probably what he intended])

とある。アームストロング氏は 2012 年に亡くなったが、後で聞いたら Armstrong stated he would never make such a mistake, but after repeated listenings to recordings, he eventually admitted he must have dropped the "a". (Wikipedia) という。

　近年、性差別への反感から、man を男女ともに含む総称表現に使うことに反対する空気がある。'mankind' も man という語を含んでいるから抵抗がある。それを避けるときは human beings, the human race, humankind, humanity などを使うことになる。

第 5 章　冠詞の歴史とその周辺

1. 世界の言語における冠詞

　われわれは、英語には冠詞があるから厄介だ、日本語には冠詞がないから楽だと思う。しかし、英語のほかにも冠詞のある言語は多い。そういう言語では、冠詞は何らかの意味で役に立っているから存在しているはずである。もし無用の長物であれば冠詞はその言語で発達しなかったであろう。

定冠詞: 全体の中の個体の区別

　諸言語の歴史において、不定冠詞と定冠詞のうち、定冠詞がまず生まれて、便利なものとして使われはじめたものと思われる。定冠詞のみがあり、不定冠詞がない言語もある（例: 古代ギリシャ語）。これは、ある種類全体に対してその種類の中の特定のものを指す働きを持つ。起源は、英語の that のような指示代名詞に由来するものが多いようである。

　英語の the house に当たる表現として次のものがある。

　　ドイツ語　　　　　das Haus
　　フランス語　　　　la maison
　　スペイン語　　　　la casa
　　イタリア語　　　　la casa
　　ポルトガル語　　　a casa
　　ルーマニア語　　　casa
　　デンマーク語　　　hus-et
　　アラビア語　　　　al-bayt

　ポルトガル語では a が定冠詞である。フランス語・スペイン語・イタリア語の la, ルーマニア語の -a (ルーマニア語の女性名詞は語

尾が -a という形であればそれは定冠詞がついた意味になる)はいずれもラテン語の指示詞の illa (あの) に由来する。ルーマニア語では冠詞が名詞の後ろに付加される。これは、ラテン語では ille (illa, illud) は名詞の前にも後ろにも来ることができたことによる。キリスト教の鎮魂ミサで歌われる「怒りの日」は "Dies irae, dies illa" (その日こそ怒りの日である) という歌詞で始まるが、dies illa は英語に直せば day that である。

　デンマーク語でも冠詞は名詞に後置される。アラビア語では定冠詞は名詞に前置され、不定冠詞は後置される。

冠詞と憲法第九条

　ルーマニア語やデンマーク語のように、名詞の後に冠詞がつく言語においては日本語の「冠詞」という用語はふさわしくないことになる。そもそも article という単語の意味は「関節」という意味の語に由来し、それが「切り離された部分」という意味になり、「品物」「記事」「法律の条文」などの意味が派生した。日本国憲法の Article 9 と言えば有名な「第九条」である。アメリカに the Article 9 Society という協会が設立された。その会が目指すのは、世界のすべての国に働きかけて、日本のような戦争放棄の精神を憲法に盛り込ませることだと言う。
　article の「切り離された部分」という意味から「冠詞」という意味の文法用語が生まれたようである。
　ヨーロッパの文法用語が日本に輸入されたとき、英語やドイツ語など、名詞の前に冠詞がつく言語が主な対象であったため、「冠詞」という訳語が考案されたのではなかろうか。しかし、冠詞が名詞の後ろにつく言語もあることを考えると、より普遍性のある用語を考えたほうがいいかも知れない。

不定冠詞：量的な把握と数的な把握の区別

単数・複数の区別のある言語では、milk のように物質名として認識する対象と、a book / books のように単数・複数のどちらかを問題にする対象とがある。前者では対象を形や大きさや境界のない、物質的なものとしてとらえ、後者ではひとつひとつが境界で区切られた存在としてとらえる。不定冠詞は、その対象が後者のように境界を持った存在であるという標識となる。起源は「1つ」の意味の数詞に由来するものが多いが、「1つ」という数の意識は薄れていて、むしろ上述の「境界を持った存在の標識」という働きが強い。

英語の a house に当たる言い方は次のようになる。

ドイツ語	ein Haus
フランス語	une maison
スペイン語	una casa
イタリア語	una casa
ポルトガル語	uma casa
ルーマニア語	o casă
デンマーク語	et hus
アラビア語	bayt-un

冠詞と名詞の性

ヨーロッパの言語の名詞は性の区別があるものが多い。フランス語・スペイン語などは男性・女性、ドイツ語などは男性・女性・中性の3通りがある。その名詞の性を知っていなければ正しい冠詞を選択することができないので、やっかいである。

しかも、名詞の性は必ずしも自然界の性で推し量ることはできない。たとえばドイツ語では、スプーンは男性だから der Löffel, フォークは女性だから die Gabel, ナイフは中性だから das Messer という具合である。

さらにやっかいなのは、固有名詞にも性の区別があることである。ライン川は男性で der Rhein, エルベ川は女性で die Elbe という。

このようなことを考えると、the Rhine, the Elbe と the をつけさえすればすむ英語は楽だと言わねばならない。

不定冠詞の複数形

不定冠詞が「1つ」という意味であるならば、不定冠詞の複数形というのは矛盾である。しかし、不定冠詞の意味の本質は「1つの」ではなく、「数えられるもの」という意味であるから、スペイン語・ポルトガル語などには不定冠詞の複数形がある。スペイン語の unas casas, ポルトガル語の umas casas は「何軒かの家」という意味である。

フランス語では不定冠詞 un (男性), une (女性) の複数形はともに des である。Do you have children? に相当するフランス語は Avez vous des enfants? である。

英語には不定冠詞の複数形がないため、「数えられるものがいくつか」という意味を表わすにはほかの語を用いて間に合わせる。次の (1) の複数形は (2) ではない。

(1) I waited for an hour.
(2) I waited for hours.

(2) は「何時間も待った」という意味になる。「数時間待った」という意味を表わすには、

I waited for some / a few / several hours.

のように some, a few などの語を用いなければならない。

名詞の意味のとらえかたの相違

英語では life のような抽象名詞は無冠詞であるが、ドイツ語では das Leben, フランス語では la vie と定冠詞がつく。英語では life は (境界の定まらない、したがって数えることも考えられない)「人生」という意味であるが、英語でも、14世紀の大詩人であるチョーサーの時代には The lyf so short, the craft so long to lerne. (人生

は短く、技能を身につけるのは長くかかる）のように言ったので、対象のとらえかたが変化してきていることがわかる。

　life と反対の death も、ドイツ語では der Tod, フランス語では la mort といずれも定冠詞がつく。英語でも古くは the death と言ったようであるが、現代の英語では fight to the death（死ぬまで戦い抜く）などの成句に残っているだけである。これは defend them to the death / follow our leader to the death などとともに、類型化した言い方である。death の場合も、昔は「あの人生の終りの姿」として、何を指すかが自明のものとして定冠詞がついたのかもしれない。ドイツ語・フランス語ではそのようなとらえかたが今でも続いているのに対して、英語ではほかの抽象名詞と同様にまったく限定を必要としない語になったと考えられる。

　英語では、物質名詞はその物質全体を表わすときも一部分を表わすときも無冠詞である。

> Wine is made from grapes.
> We will have wine at the bar.

フランス語では次のようになる。

> Le vin est fait de raisins.
> Nous allons boire du vin au bar.

　フランス語の du は「部分冠詞」で、全体の一部分を表わす。英語よりもきめ細かい認識をしていることになる。

　「彼は学生です」を英語では He is a student. と言うが、フランス語では Il est étudiant. で、「学生」を表わす名詞に冠詞はつかない。英語では He is chairman. のように役職を表わす名詞に限って無冠詞で使う。それは、「委員長」という人を話題にするのでなく、どういう資格であるかをいわば分類しているのだからであろう。フランス語では、それが一定の地位を表わす名詞でなくても、職業の名前もみな「分類」ととらえるようである。

冠詞のない言語での諸関係の表わし方

日本語では格助詞の「は」「が」が、ある程度英語の冠詞の使い分けに対応している。

(a) The dog came running towards me.（犬は私のほうに走ってきた）
(b) A dog came running towards me.（犬が私のほうに走ってきた）

(a) では dog はすでに話題になった存在であるから定冠詞がついている。日本語では「犬」は文の主題であり、主題は「は」で表わされる。(b) では不特定の犬であることを表わすために不定冠詞がついている。日本語では、犬が走ってきたという現象をたんに述べるために、動作の主体を表わす「が」がついている。

定冠詞がついて、文頭に来る名詞は、たいていその文の話題を示す。文は「ある話題」について「何かを述べる」という構造を持つことが多い。そのような「話題」と「話題について述べる」部分の区別を語順によって表わす言語は多い。

次は中国語の例である。

客人在屋子里 (*The guest* is in the room.)
有一个客人在屋子里 (There is *a guest* in the room.)

ロシア語でも、同様に文頭にある名詞は「話題」を表わす。

Ženščina vyšla iz domu. (*The woman* came out of the house.)
Iz domu vyšla *ženščina*. (*A woman* came out of the house.)

2. 英語の冠詞の起源
定冠詞の起源

もっとも古い時代の英語では、名詞に冠詞はつかなかった。それ

はちょうど固有名詞に冠詞がつかないのと同じであった。しかし、同じ種類のものの中から特定のものを区別するために指示形容詞と定冠詞が発達した。

古期英語では、指示形容詞が性・数・格によって複雑に変化した。このうち、まず単数主格の男性形 se, 女性形 seo の代わりに þe という形が使われるようになり、これが the に変化して、すべての性・数・格で定冠詞として使われるようになった（þ はルーン文字で、/θ/ という音を表わした）。これと並行して中性の þat (= that) が指示形容詞としてすべての性・数・格で使われるようになった。

そこで指示形容詞と定冠詞の使い分けが生じたと思われる。すなわち、直接指差して示すことができるときは指示形容詞の that を用い、前後関係や言葉による説明で特定するときには定冠詞の the を用いるという区別である。

不定冠詞の起源

古期英語では、たいていの場合不定冠詞は使われなかった。He was a good man. と言うところを He was gód man. と言った。中期英語では「不特定の個体」を表わすために数詞の an (= one) が使われるようになった。つまり、最初は不定冠詞は an という形だけであった。それが子音の前では最後の n を省略するようになり、a となった。一方、数詞としての an は発音が変化して one となった。

3. 冠詞の諸問題
冠詞の省略と反復

2つの名詞に個々に冠詞をつける代わりに、1つの冠詞で間に合わせることができる。

  Men must wear *a* jacket and tie.

その場合、2つの名詞は意味の上でつながりのあるものでないと

いけない。

> He was carrying *a* suitcase and *a* camera in his hands.

この文で camera の前の冠詞を省略することはできない。

冠詞を省略しないで繰り返すのは自由である。a cup and saucer を a cup and a saucer と言うこともできる。場合によっては冠詞を繰り返すことによって個々の名詞の意味が強調される。

ある人が 2 つの立場を兼ねているときは、冠詞を 1 つだけつけることによって、それが同一の人であることを表わす。

> He became *a* songwriter and bandleader.

これは、彼は「ソングライター兼バンドリーダー」になったという意味である。

the novelist and pianist と言えば、「その小説家でありピアニストでもある人」という意味であり、もし個々に冠詞を繰り返して the novelist and the pianist と言えば、「その小説家とそのピアニスト」という意味で、別々の人が 2 人いる意味になる。

スペース節約のための冠詞省略

ある場面で名詞に冠詞がつくかどうかは意味と慣用によって決まるので、使う人のそのときの気分で臨時に省略したりすることは許されない。しかし、新聞の見出しや、標識や注意書きなどでは、スペースを節約するため、「超文法的」措置として冠詞が省略されることが多い。

> U.S., Cuba near deal on commercial flights
> Havana (AP) — The United States and Cuba are close to a deal on restoring regularly scheduled commercial flights, Cuban and American officials said Wednesday on the eve of the anniversary of détente between the Cold War foes.
> (Dec.18, 2015)

The United States と a deal にそれぞれ冠詞がついているが、見出しでは省略されている。

Hanks at loss to explain Gump's appeal

この見出しは「ハンクスはガンプの魅力を説明するのに困っている」という意味で、at a loss と書くべきところ、冠詞の a を省略している。これは一見して at a loss の意味だということがわかるからである。

イギリスの特急列車 InterCity のドアのそばに次の掲示がある。

In *emergency* use *hammer* to break *windows*

「非常の際にはハンマーを使って窓を割ってください」という意味である。文法的には In *an emergency* use *the hammer* to break *the windows* となるべきところであるが、非常の際に冠詞がついているかないかを気にする人は誰もいないであろう。

日本のデパートなどでは、エスカレーターに乗ると「どうぞ手すりをお持ちくださいませ」などのていねいなアナウンスが流れる。イギリスではアナウンスはなく、注意事項を掲示してあるだけである。代表的なものでは、Hold moving *handrail*. と書いてある。文法的には、Hold the moving *handrail*. となるべきところだが、これも「余計なことは書かない、メッセージが伝わることが大事だ」という趣旨であろう。中には Hold the Moving Handrail というのも見受けられた。スペースに余裕があり、ていねいに書くスタイルであればそうなるだけのことである。

オックスフォード大辞典の縮小版として作られた *The Pocket Oxford Dictionary* (*POD*), *The Concise Oxford Dictionary* (*COD*) は、その絶妙な記述のために名著と呼ばれてきた。しかし、これらの辞書は英米人の教養を前提にした面があるので、英語学習者が使うときは注意が必要である。たとえば、*POD*[5] で pocket を引くと、'small bag inserted in garment for carrying things, keeping hands warm, & c.' と冠詞を省略した書き方である。*COD*

も 6 版では May は 'fifth month of year' となっていた (8 版では 'the fifth month of the year' となっており、全般に冠詞の用法は正しくなっている)。*POD* では 1996 年の Revised 8th edition でも May は 'fifth month of the year' で、month には冠詞がついていない。

POD や *COD* の旧版を使う場合は、冠詞の用法に特別の注意が必要である。この 2 つの辞書は教養のある英米人のための辞書であって、われわれ外国人が使いこなすには相当の修練を必要とする。その点、近年続々と出版される、英語学習者のための辞書——*OALD, LDOCE, COBUILD, CALD* など——は冠詞を省略せずに記述してあるので、大いに参考にすることができる。

冠詞のぶつかり

ある名詞につくべき冠詞が、文脈から必要とされる冠詞と食い違う場合がある。たとえば、「1 世紀半」は a century and a half であるが、The century and a half that followed the defeat of Persia という例では最初の a が the に変わっている。このように、名詞がふつう伴う冠詞と文脈上必要な冠詞が一致しない場合は、文脈上の要求が優先される。

次の例では a million が the million に変わっている。

> It made very little impression on *the million* or so Londoners.

「100 万人前後のロンドンっ子にほとんど印象を与えなかった」という意味で、そのようなロンドンっ子の存在がすでに話題になっていることを表わすため、定冠詞が使われている。a million の数を表わす a が見えなくなっても、誤解のおそれはない。

次の例では a few が the few に変わっている。

> *The few* foot passengers astir in that quarter hurried dismally and silently along with coat collars turned high and

pocketed hands. (O. Henry, *After Twenty Years*)

ここでは foot passengers が 'astir in that quarter' という修飾語で限定されているため、「数名の」という意味の a few につくべき a が the に変わっている。

次の例では所有格の名詞があるために、画の題名についていた定冠詞が省かれている。

Pope John Paul II stood before the brightened blue sky of *Michelangelo's "Last Judgment"* Friday to celebrate a Mass marking the completion of the 14-year cleaning of the artist's Sistine Chapel frescoes.

ミケランジェロの傑作「最後の審判」は英語では The Last Judgment と呼ばれているが、上の文では Michelangelo's という所有格の名詞があるため、his the painting と言えないのと同様に、定冠詞が省かれた。

The Last Judgment と言えば、有名な画の名前であるから、最初の The を言わなくても、何を指しているのか分かってもらえる。しかし、それほど有名でない作品の場合には Conan Doyle's *A Study in Scarlet* のように、冠詞のついた形で言及されることもある。学術論文などでは文献の名前を正確に伝える必要があるから、Godfrey Halliwell's *The Arts Today* のように、冠詞を省略しないほうが普通かもしれない。

引用符と冠詞の順序

ある単語の語形だけを話題にするのでなく、その単語の指すものを念頭において言う場合には冠詞がつくわけであるが、その際それが名前であることを明示するために引用符をつけることが多い。そのとき、冠詞が引用符の内にある場合と外に置かれる場合がある。

〈冠詞が引用符の外にあるとき〉

冠詞が引用符の外に置かれるのは、「あるものをある呼びかたで呼ぶ」とはじめて言うとき、またはそういう表現があらたに話題になるときである。

(a) When we want to say that someone is not only despicable but treacherous, we call him *a* "*snake.*"
(b) Brittany has been called *the* "*cradle of the French navy.*"
(c) "What we have is not a star in the ordinary sense, nor is it a conventional planet," he says. "Perhaps, we should call it *a* '*star-planet.*'"

(a) ではある人を形容するのに snake ということばを使うということを述べている。(b) ではブルターニュ地方の描写として cradle of the French navy という呼びかたが昔から存在するということを相手に説明している。(c) では新しく発見された種類の天体を star-planet と呼ぶことを提案している。

〈冠詞が引用符の中にあるとき〉

一方、冠詞と名詞が結びついた、ある決まった呼びかたがあるということを紹介する書き方では、冠詞は引用符の中に含まれる。

(a) W.C. Handy has been called "*the father of the blues.*"
(b) In American racing terminology a horse that performs well on soft ground is called "*a good mudder.*"
(c) So frequently were large areas of Tokyo destroyed by fire in the past that the wry humor of the townspeople dubbed fire "*the flower of Edo.*"

(a) は W.C. Handy が the father of the blues と呼ばれたという意味である。(b) は、柔らかい馬場でいい成績をあげる馬を競馬用語で a good mudder と呼ぶと言っている。(c) は昔の東京に「火事は江戸の華」という言い方があったことを述べている。

the "cradle of the French navy" と、*"the father of the blues"* の違いは、定冠詞が引用符の外にあるか中にあるかの相違だけで、用法はよく似ている。しかし、the が引用符の中にあるほうが、その表現が冠詞つきで定着したものだという感じを与える。冠詞を引用符の外に置いた書き方は、その表現がはたして妥当かどうか、あらためて問題にするという含みが感じられる。

4. 冠詞と同形の単語
one の意味の a (数詞の a)

　もともと不定冠詞の a, an は「1つ」を意味する数詞から発達したものであるが、現在ではその a, an が原義の「1つ」の意味で使われるのは決まった言い方 (set phrase) やことわざなどに限られている。

　　at a blow (一撃のもとに；一挙に)
　　at a stretch (一気に)
　　in a word (要するに)
　　a hundred, a thousand, a dozen, a score, etc.
　　Rome was not built in a day. (ローマは1日にして成らず)

　上の語句の a は one と置き換えられるもの (at one blow, one hundred, one thousand, etc.) もあるが、置き換えられないものもある。

　a hundred people と言うとき、その a は、特に1という数の意識はないであろう。日本語で「百人」と言うとき、「1百」の意味が無意識に考えられているのと似た、習慣的表現となっている。もし 200 ではなく 100 であるという数の意識を表面に出したいときは one hundred people と言う。a thousand と one thousand も同様である。この場合は日本語では「1千」という言い方もあるので、a thousand people が「千人」、one thousand people が「1千人」の語感にほぼ相当すると言える。one dozen, one score とは言わな

い。

at a time（一度に）
If you raise your hands, I'll answer questions one *at a time*. (*LDOCE*⁶)（手をあげたら一度にひとりずつ答えます）

at one time と言うと、at a time とは別の意味になる。例：At one time, George Eliot lived here. (*CALD*⁴)（過去のある時期に）

「1つ」という意味から「同じ」という意味が派生する。これは日本語でも、たとえば「軌を一にする」と言えば、行き方が同じであるという意味になるのと似ている。この用法も成句やことわざに限られる。

be of a size（同じ大きさである）
be on a level/par with（〜と同じ程度である）
Birds of a feather flock together.（同じ羽根を持った鳥はいっしょに集まる：類は友を呼ぶ）

twice a day などの a（前置詞の a）

twice a day, ten cents a sheet, five pounds a meter などにおける、「〜につき」の意味の a は元来冠詞ではなく、中期英語の a (on の子音の前での形) という前置詞に由来する。この a は接頭辞としてよく使われ、aside (= to one side), asleep (= in sleep), away, nowadays などの造語成分である。したがって、twice in a day などと前置詞をつける必要はない。

a few, a great many の a（副詞の a）

14〜16 世紀には a は about, approximately の意味で数詞の前につけてよく使われた。a six years（約6年）, a two hundred spears（200人ばかりの槍兵）, a many men, a few retainers などのように使われたとみられる。このうち最後の a few だけが現代でも使われている。a many men とは現代では言わないが、a great many men / a good many men などのようには言う。

なお、not a few は「少なからず」で many の意味になるが、quite a few も「結構な数の」という意味から、やはり many の意味になるのは面白い。

the sooner, the better などの the (副詞の the)

「～であればそれだけますます～」という意味の the は、起源的には定冠詞ではない。古期英語の指示形容詞の具格 (instrumental case,「～で」という手段を表わす) þy から生じたもので、with that の意味の副詞である。*The more* one has, *the more* one wants. などの文において、最初の the は関係副詞で by how much, 後の the は指示副詞で by so much という意味を表わす。

She is none *the better* for taking those pills. (その薬を飲んでもちっともよくなっていない) では、the は「そのぶんだけ」という意味の指示副詞である。

nonetheless は none the less が 1 語になったもので、「それだけ少ないということはなく」から「それにもかかわらず」という意味を表わす。

5. 冠詞の用法の将来

現代英語では冠詞が減少する傾向にある。以下の記述は鈴木寛次氏による (「歴史的に見る英語の冠詞」(2004)『言語』大修館書店)。

不定冠詞逓減の原則

古期英語の終わりごろには不定冠詞逓減の原則が現れる。He was a good man. の代わりに He wæs gód man. が生じている。

a kind of a woman / a sort of a woman の表現は、正式表現として 18 世紀まで残っていた。しかし今日では a kind of woman / a sort of woman が正式語法である。理由として考えられるのは a kind of / a sort of が一種の形容詞ととらえられるからである。

英語では役職・官職を表わす名詞が補語に使われる場合は無冠詞だが、ドイツ語・フランス語などでは「職業」「身分」を表わす名詞でも無冠詞である。英語では I am a student. と言うところを、ドイツ語・フランス語では次のように言う。

　　Ich bin Student.（ドイツ語）
　　Je suis étudiant.（フランス語）

これらの名詞は形容詞化していると考えられる。

英語では Don't be such a chicken! と言えば、chicken は「臆病者」という意味だが、I even thought Shaker was chicken. という文では「臆病な」という形容詞である。

I am a student. の student が形容詞化する日が来ないとも限らない。

定冠詞逓減の原則

定冠詞の消失も古期英語の時代から現れている。

　　Cildru on scole（children at school）

「入院している」というのはイギリスでは in hospital, アメリカでは in the hospital だが、OED には More than half the survivors were in hospital. という例が 1848 年に初出として出ている。それ以前はすべて熟語でなく、in the hospital という形をとったのではないかというのが鈴木氏の推理である。アメリカに渡ったときに in the hospital という形が伝わったのではないか。

また、instead of は in the stead of → in stead of → instead of の過程を経て生じた。in the stead of は今日では方言として、特にスコットランドの南部で使われているという。

これからの冠詞の動向

大きな流れとしては、冠詞は減る方向に進むのではないか。

part of と a part of ではほとんど part of が優勢になった。しか

し、have a cold と have cold ではこれが逆転して、have a cold のほうが多い。

固有名詞は、第3章で述べたように、ロンドンの道路の名前が広く使われるようになるにつれて the Oxford road → the Oxford Road → Oxford Road と変わった。また、the Green Park が Green Park になり、the Regent's Park が Regent's Park になった。

Sudan は分離して Sudan と South Sudan になったが、どちらもあまり冠詞をつけない。Yemen も the Yemen という形は少なくなった。Congo も the Congo という形は Congo の約半数である。

コーパスの BNC, COCA で in the course of time と in course of time を比較すると確かに in course of time が多い。しかし、in light of はアメリカでの使用例が多いが、イギリスでは in the light of が多い。

in the future と in future を見ても in the future の方が圧倒的に多い。

この現象はもう少し長い目で見ていく必要があるだろう。

参 考 文 献

辞書・コーパス

Cambridge Advanced Learner's Dictionary (4th ed.) (2003) Cambridge University Press. (*CALD*⁴)

Cambridge International Dictionary of English (1995) Cambridge University Press. (*CIDE*)

Chambers Universal Learners' Dictionary (1980) Chambers. (*CULD*)

Collins COBUILD Advanced Learner's Dictionary (8th ed.) (2014) HarperCollins. (*COBUILD*⁸)

Longman Dictionary of Contemporary English (6th ed.) (2014) Pearson education. (*LDOCE*⁶)

Oxford Advanced Learner's Dictionary (9th ed.) (2015) Oxford University Press. (*OALD*⁹)

British National Corpus (BNC)
  http://www.natcorp.ox.ac.uk/

The Corpus of Contemporary American English (COCA)
  http://corpus.byu.edu/coca/

Oxford English Dictionary, Online version
  http://www.oed.com/

参考文献とその解説

1. Berry, R. (1993) *Collins COBUILD English Guides. 3: Articles*. HarperCollins.

　わずか120ページの小冊子でありながら、およそ冠詞について問題になる点を細大漏らさず網羅し、個々の場合について現在の用法の的確な記述をしている。豊富な用例はすべてデータベースから採

られており、説得力がある。日本では秀文インターナショナルから発売されている。

2. Keene, D. and Matsunami, T. (1969) *Problems in English*. 研究社.

この本は、日本人が英語を書く上でつまづきやすい2つの点、すなわち名詞とそれに伴う冠詞と、動詞の時制の考え方を解説している。前半の名詞の部分では名詞の可算・不可算、定冠詞と不定冠詞の問題について、するどい直感にもとづいて有益な説明をしている。

3. マーク・ピーターセン (1988)『日本人の英語』岩波書店.
4. マーク・ピーターセン (1990)『続　日本人の英語』岩波書店.

いずれも岩波新書で、エッセイふうに書かれていて、読みやすい。日本人が冠詞・名詞の用法で間違いやすい点について、ネイティブ・スピーカーの観点から示唆に富む解説をしている。

5. Quirk, R. et al. (1985) *A Comprehensive Grammar of the English Language*. Longman.

現在の文典の標準とされる大部の本で、冠詞についても体系的理論にしたがって個々の用法をくわしく記述している。ほぼ伝統的な文法の枠組みで書かれているので、読みやすい。

6. 樋口昌幸 (2003)『現代英語冠詞事典』大修館書店.

およそ冠詞の用法について、豊富な用例をもとに詳細に分類し、その用法の由来を辿った労作である。

7. 久野暲, 高見健一 (2004)『謎解きの英文法　冠詞と名詞』くろしお出版.

8. 鈴木寛次 (2003)「歴史的に見る英語の冠詞」『言語』大修館書店, 32 (10), pp. 68–73.

上記のほか、本書中で言及した文献・辞書類

Bloomsbury Dictionary of Quotations.（1987）Bloomsbury Publishing Limited.

Carroll, L.（1865）*Alice's Adventures in Wonderland.* Macmillan.

Carroll, L.（1871）*Through the Looking-Glass, and What Alice Found There.* Macmillan.

Christophersen, P.（1939）*The Articles: A Study of Their Theory and Use in English.* Oxford University Press.

Hayakawa. S.I.（1978）*Language in Thought and Action*（4th ed）. Harcourt Brace Jovanovich.

Henry, O.〔著〕, 中内正利〔解説注釈〕（1957）『オー・ヘンリー短編集——After Twenty Years & Other Tales』研究社.

Hewson, J.（1972）*Article and Noun in English.* Mouton.

Kawauchi, S. and McCarthy, R. F.（1985）*Once Upon a Time in Japan.* 講談社インターナショナル.

Perrin, P. G. and Ebbitt, W. R.（1972）*Writer's Guide and Index to English*（5th ed）. Scott, Foresman and Company.

Puzo, M.（1969）*The Godfather.* Fawcett Publications.

Rowling, J. K.（1997）*Harry Potter and the Philosopher's Stone.* Bloomsbury Publishing Limited.

Rowling, J. K.（2003）*Harry Potter and the Order of the Phoenix.* Bloomsbury Publishing Limited.

Swan, M.（1995）*Practical English Usage*（2nd ed）. Oxford University Press.

Wyld, H. C.（1932）*The Universal Dictionary of the English Language.* Routledge & Kegan Paul.

The New York Times

The Times

索　引

A
Abbey　121
ability　19
ache　60
advice　30
affinity　2
afternoon　47
agreement　19
AIDS　57
Airport　119
Alhambra　121
all　83
Alps　104, 116
Altair　94
ambulance　28
Andes　104, 116
anime　38
Antarctic　109
Antarctica　109
Apollo　126
appendicitis　57
apple　4
Arctic　109
arts　73
ash　13
Atlantic　117
attack　61
auction　27
authorities　74

B
backache　60
baggage　30
Balkans　110
ball　16
banana　4
bar　16
barracks　34
bass　56
BBC　122
beach　16
bed　53
beef　10, 16
beer　11
beginning　85
belief　93
Bible　94
birds and the bees, the　133
Blitz　70
block　16
blow　153
Blue House　122

bone   15
Botanical Garden   116
bread   15, 16
breakfast   47
Bridge   113
British Museum   120
Bronx   112
bus   49

C
cabbage   4
cake   16
calf   10
cancer   57
captain   43
Carnegie Hall   120
carpet   14
carrot   4
Cathedral   121
Caucasus   104, 116
cauliflower   5
cause   67
cedar   13
cell phone   52
century   150
certain   37
chairman   63, 66
chalk   16
change   18
Channel   117
Chapel   121

charm   2
cheese   11
chicken   8
chickenpox   58
chill   59
chocolate   11, 16
cholera   57
Christ   94
Christmas   124
church   52
Circus   112
City   112
class   88
classics   73
cloth   14, 15
clothes   29
clothing   29
cloud   1
coach   66
coal   15, 16
coffee   11, 16
cold   58
college   53, 72, 121
comedy   20
command   24
Company   123
comprehensive school   53
Congo   110
Congress   105, 122
Continent   109
controls   74

cord　14
corn　16
cough　59
Covent Garden　120
cow　10
crab　6
cramp　57
creeps　74
Crimea　112, 119
Crimean peninsula　119
crossroads　34
cucumber　5
cup　11, 16
curry　12
cut　16

D

Dalai Lama　106
damage　30
Danube　118
dawn　47
day　47, 124, 154
Dead Sea　117
death　145
Death Valley　114
deer　10
Desert　114
Devil　94
diabetes　57
diarrhea　59
diarrhoea　59

Diet　105, 122
difficulty　19
dinner　47
disease　61
District　112
divorce　22
dog　9, 40, 76
doldrums　76
Downing Street　122
dozen　153
drama　19
dress　15
drink　12
dusk　47

E

earache　60
earth　94
ecstasy　20
eel　7
effort　23
egg　7
elements　75
email　31, 51
emoji　38
end　85
enthusiasm　21
Equator　94
equipment　30
European Union　123
evening　47

Evening Star   94
Everest   106, 116
evidence   31
experience   19

F
fact   3
failure   22
fall   49
Fate   94
fax   52
fever   59
few   154
fiction   29
fits   57
flu   58
Ford   102
forest   17
former   85
Fortune   94
freedom   28
frog   10
frostbite   57
furniture   16, 30
future   157

G
gadget   29
gadgetry   29
gallows   74
garden   17, 116

glass   3, 11
Gobi   116
God   94
Golan   114
grain   16
Great Salt Lake   117
guitar   56
gulf   117

H
Hague   109
hay fever   57
headache   60
headmaster   66
headquarters   34
health   61
Heaven   94
helicopter   16
Hell   94
hiccups   59
Himalayas   104, 116
Holland   110
Holocaust   70
honour   25
hospital   53, 56
Hotel   120
hour   144
humanities   73
hundred   153
Hyde Park   115

I

Iberian Peninsula 119
ice cream 11
idea 92
illness 60
importance 22
improvement 24
influenza 58
information 31
Institute 122
interest 18
iron 3
Island 100, 118
Isle 118
Isthmus 119

J

Japanese 133
jewel 29
jewellery 29
jewelry 29
jitters 74
joint 16

K

kind of 35
kindness 23
king 64, 69
knowledge 23
Koran 94
Kremlin 105, 122

L

lake 117
Lake Geneva 117
lamb 8
land 16
last 81
Last Judgment 151
latter 85
law 3
law court 72
Leicester Square 112
lemon 5
lettuce 5
lie 70
life 144
lights 78
Lincoln 103, 107
literati 74
loaf 16
lobster 9
Loch 117
London Bridge 113
London University 104, 122
Los Angeles Times 108, 124
Louvre 121
luggage 30
lump 16
lunch 47

M

machine 29

machinery 29
mail 31, 51
mains 74
majority 86
Mall 105, 113
man 139
manga 38
mankind 139
marriage 22
Mars 94
masses 73
Matterhorn 116
Mayor 63, 66
means 33
measles 58
meat 16
media 73
Mediterranean Sea 117
melon 5
member 43
Mercury 94
Messiah 94
metal 15
middle class 88
Middle East 112
Midlands 75, 112
midnight 47
Midwest 112
million 150
minority 86
mobile phone 52

Mojave 114
Mont Blanc 116
moon 31, 93
morning 47
Morning Star 94
most 87
mountains 77, 116
movies 79
muggle 39
mumps 58
Museum 120
mutton 10

N

NATO 123
Nature 94
Netherlands 103, 110
New Year's Day 124
New York Times 108, 123
news 92
newspaper 18
next 81
Niagara Falls 118
night 47
Nile 118
noon 47
North pole 94
novel 29

O

oak 1

oboe 56
Ocean 117
octopus 9
Olympic Games 125
Olympics 125
one 147, 153
onion 6
only 82
opera 20
Opéra 120
Organization 123
outdoors 75
outskirts 76
Oxford University 121

P

Pacific 117
pampa 114
paper 15, 52, 128
Parliament 105, 122
part of 36
pencil 17
Peninsula 119
Philippines 103, 118
phone 51
piano 56
Piccadilly Circus 112
pie 12
piece 15
pig 10
pine 13

pineapple 5
pizza 12
plain 114
pleasure 24
pneumonia 57
poem 29
poetry 29
polls 73
pools 75
pork 10
post 51
potato 6
president 63, 66, 69, 107
prince 64
prison 53
prize 81
professions 73
professor 65
progress 24
provinces 75
pumpkin 6

Q

queen 69, 105

R

rabies 57
radio 50
reason 19
Regent's Park 115
regions 75

respite 26
result 67
rheumatism 57
rice 16
River 118
Road 100, 112
rock 13
Rocky Mountains 104, 116
room 16
rose 41
rumour 92

S

Sahara 114
salad 12
salmon 8
sand 16
Satan 94
Saviour 94
saxophone 56
school 52, 72
sciences 74
score 153
scorpion 9
Scriptures 73
Sea 117
seams 75
sector 88
sensitivity 21
services 76
sheep 10

sheet 16
shingles 57
shivers 75
Shrine 121
Sierra Nevada 104, 116
silence 26
Sinai 112
sixth sense 81
skies 78
skosh 39
sky 78
slang 31
slice 16
sniffles 59
soap 16
so-called 89
society 27
solar system 93
some 37
song 20
sort of 35
South pole 94
South Sudan 110
spring 48
Sputnik 126
Square 112
squid 8
Station 119
steppe 114
stick 16
stomachache 60

stone 15
Strait 117
Strand 113
Street 112
stretch 153
strip 16
student 83, 145
suburbs 76
subway 50
success 22
Sudan 110
Suez Canal 118
summer 48
sun 31, 93
supper 47
Suu Kyi 101

T

tabloids 73
Taj Mahal 120
taxi 49
tea 11, 16, 47
telephone 52
television 50
temperature 59
Temple 121
Testament 89
Thames 107, 118
thousand 153
thread 14
time 154

Times 123
Titanic 125
toast 15
tonsillitis 57
toothache 60
Tortoise 41
tragedy 20
train 49
trout 8
truth 70
tube 50
tuberculosis 57
Tunnel 114
turkey 8
turn 32
turnip 6

U

UCLA 121
Ukraine 110
underground 50
underwear 31
United Arab Emirates 110
United Kingdom 110
United Nations 122
United States of America 103, 109
universe 93
university 53, 121
University of London 104, 122
upper class 88

V

value 22
Vatican 121
veal 10
Vega 94
venison 10
Venus 94
violin 56
vomiting 59

W

war 28, 70
Washington, D.C. 112
Washington Post 123
water 16
weapon 29
weaponry 29
weather 71
West End 112
Westminster Abbey 105, 121
wheat 16
White House 122
WHO 123
whooping cough 57
wine 13, 145
woman 40
woods 77
wool 16
works 74
working class 88

Y

Yale University 121
Yemen 110
York Minster 121

Z

Zoo 115

《著者紹介》

正保　富三（しょうぼ　とみぞう）

1932 年生まれ。富山県出身。大阪外国語大学英語学科卒業。高校、高専を経て 1974 年より京都女子大学助教授。1982 年同大学教授。1980–81 年ロンドン大学に留学。1989 年より大阪外国語大学教授。1997 年より 2008 年まで龍谷大学教授。

KENKYUSHA
〈検印省略〉

英語の冠詞がわかる本 [改訂版]

1996 年 10 月 31 日　初版発行	2014 年 12 月 5 日　9 刷発行
2016 年 4 月 1 日　改訂版発行	

著　者　正　保　富　三

発行者　関　戸　雅　男

印刷所　研究社印刷株式会社

発行所　株式会社　研究社

〒102–8152
東京都千代田区富士見 2–11–3
電話 (編集) 03(3288)7711(代)
　　 (営業) 03(3288)7777(代)
振替　00150–9–26710

© Tomizo SHOBO, 2016

Printed in Japan / ISBN 978-4-327-45273-5　C 1082

装丁　ナカグログラフ（黒瀬章夫）